Marketing em
organizações de saúde

Central de Qualidade — FGV Management
ouvidoria@fgv.br

PUBLICAÇÕES FGV Management

SÉRIE GESTÃO EM SAÚDE

Marketing em organizações de saúde

Ricardo Franco Teixeira

Antônio Carlos Kronemberger

Antonio Mauro S. Chagas Bicalho

Wagner C. Padua Filho

FGV management

FGV EDITORA

Direitos desta edição reservados à
EDITORA FGV
Rua Jornalista Orlando Dantas, 37
22231-010 — Rio de Janeiro, RJ — Brasil
Tels.: 0800-021-7777 — 21-3799-4427
Fax: 21-3799-4430
E-mail: editora@fgv.br — pedidoseditora@fgv.br
www.fgv.br/editora

Impresso no Brasil/*Printed in Brazil*

1ª edição — 2010
1ª reimpressão — 2011

Preparação de originais: Mariflor Rocha
Editoração eletrônica: FA Editoração Eletrônica
Revisão: Adriana Alves Ferreira, Marco Antonio Corrêa e Tathyana Viana
Capa: aspecto:design
Ilustração de capa: Flávio Pessoa

Teixeira, Ricardo Franco
Marketing em organizações de saúde / Ricardo Franco Teixeira... [et al.]. — Rio de Janeiro : Editora FGV, 2010.
140 p. : il. — (Gestão em saúde (FGV Management))

Em colaboração com Antônio Carlos Kronemberger, Antonio Mauro S. Chagas Bicalho, Wagner C. Padua Filho

Publicações FGV Management.
Inclui bibliografia.
ISBN: 978-85-225-0810-5

1. Marketing. 2. Marketing de serviços (Saúde). 3. Marketing de relacionamento. 4. Comportamento do consumidor. I. Kronemberger, Antônio Carlos. II. Bicalho, Antonio Mauro S. Chagas. III. Padua Filho, Wagner C. IV. FGV Management. V. Fundação Getulio Vargas. VI. Título. VII. Série.

CDD — 658.8

Aos nossos alunos e aos nossos colegas docentes,
que nos levam a pensar e repensar as nossas práticas.

Sumário

Apresentação

Este livro compõe as Publicações FGV Management, programa de educação continuada da Fundação Getulio Vargas (FGV).

Instituição de direito privado com mais de meio século de existência, a FGV vem gerando conhecimento por meio da pesquisa, transmitindo informações e formando habilidades por meio da educação, prestando assistência técnica às organizações e contribuindo para um Brasil sustentável e competitivo no cenário internacional.

A estrutura acadêmica da FGV é composta por oito escolas e institutos: a Escola Brasileira de Administração Pública e de Empresas (Ebape), dirigida pelo professor Flavio Carvalho de Vasconcelos; a Escola de Administração de Empresas de São Paulo (Eaesp), dirigida pela professora Maria Tereza Leme Fleury; a Escola de Pós-Graduação em Economia (EPGE), dirigida pelo professor Renato Fragelli Cardoso; o Centro de Pesquisa e Documentação de História Contemporânea do Brasil (Cpdoc), dirigido pelo professor Celso Castro; a Escola de Direito de São Paulo (Direito GV), dirigida pelo professor Ary Oswaldo Mattos Filho; a Escola de Direito do Rio de Janeiro (Direito Rio), dirigida pelo professor Joaquim Falcão; a Escola de Economia de São Paulo (Eesp), dirigida pelo professor Yoshiaki Nakano; o Instituto Brasileiro de Economia (Ibre), dirigido pelo professor Luiz Guilherme Schymura de Oliveira. São diversas unidades com a marca FGV, trabalhando com a mesma filosofia: gerar e disseminar o conhecimento pelo país.

Dentro de suas áreas específicas de conhecimento, cada escola é responsável pela criação e elaboração dos cursos oferecidos pelo Instituto de Desenvolvimento Educacional (IDE), criado em 2003 com o objetivo de coordenar e gerenciar uma rede de distribuição única para os produtos e serviços educacionais da FGV, por meio de suas escolas. Dirigido pelo professor Clovis de Faro e contando com a direção acadêmica do professor Carlos Osmar Bertero, o IDE engloba o programa FGV Management e sua rede conveniada, distribuída em todo o país (ver www.fgv.br/fgvmanagement), o programa de ensino a distância FGV Online (ver www.fgv.br/fgvonline), a Central de Qualidade e Inteligência de Negócios e o Programa de Cursos Corporativos In Company. Por meio de seus programas, o IDE desenvolve soluções em educação presencial e a distância e em treinamento corporativo customizado, prestando apoio efetivo à rede FGV, de acordo com os padrões de excelência da instituição.

Este livro representa mais um esforço da FGV em socializar seu aprendizado e suas conquistas. Ele é escrito por professores do FGV Management, profissionais de reconhecida competência acadêmica e prática, o que torna possível atender às demandas do mercado, tendo como suporte sólida fundamentação teórica.

A FGV espera, com mais essa iniciativa, oferecer a estudantes, gestores, técnicos — a todos, enfim, que têm internalizado o conceito de educação continuada, tão relevante nesta era do conhecimento — insumos que, agregados às suas práticas, possam contribuir para sua especialização, atualização e aperfeiçoamento.

Clovis de Faro
Diretor do Instituto de Desenvolvimento Educacional

Ricardo Spinelli de Carvalho
Diretor Executivo do FGV Management

Sylvia Constant Vergara
Coordenadora das Publicações FGV Management

Introdução

Este livro aborda um tema de extrema importância, que tem sido encarado como tabu dentro da literatura de negócios brasileira: a aplicação do marketing ao negócio da saúde.

O primeiro capítulo apresenta definições de marketing, sua aplicabilidade na área da saúde e as características do setor. Focaliza os conceitos de ambiente de marketing, bem como as ferramentas usadas para estudá-los.

O segundo capítulo introduz conceitos de sistema de informação de marketing, com os subsistemas de inteligência de marketing e inteligência de pesquisa. Abordam-se também conceitos de pesquisa qualitativa e da quantitativa com exemplos elucidativos.

O terceiro capítulo é dedicado ao estudo do comportamento do consumidor, o complexo processo de decisão de compra, a segmentação de mercado e o posicionamento. Apresenta o conceito de valor, o processo de criação de valor em saúde e o marketing de relacionamento.

O quarto capítulo trabalha sobre a teoria do composto de marketing. Introduz as variáveis, as possibilidades de desenvolvimento de estratégias, e trata do plano de marketing e sua estrutura básica.

Por fim, são apresentadas as conclusões relativas ao tema abordado no livro.

1

Conceitos fundamentais de marketing e análise do ambiente

Neste capítulo apresentaremos os conceitos fundamentais do marketing, focando na sua aplicação no setor de saúde. Faremos uma breve análise do setor do ponto de vista de desempenho percebido pelos clientes e indicaremos algumas tendências. Introduziremos, também, o conceito de análise do ambiente de marketing.

O marketing e o setor de saúde

Qual o primeiro conceito que surge quando você pensa na palavra marketing? Será que sua resposta está correta? O marketing tem sido percebido de maneira equivocada, tanto pelo público em geral, quanto por executivos e colaboradores nas organizações. Normalmente, é confundido com propaganda. É comum ouvirmos que uma determinada empresa é boa em marketing, ou investe em marketing, porque colocou uma peça publicitária em jornal, revista, televisão ou rádio. Sem dúvida, a propaganda é uma das ferramentas disponíveis para que os profissionais de marketing possam atuar no sentido de atender ao mercado. Promover produtos e serviços é necessário para que o consumidor passe a conhecê-los e motive-se a comprá-los. Contudo, esse é apenas um entre inúmeros elementos utilizados pelo marketing.

Outra interpretação errônea comum é confundir marketing com vendas. Isso porque, em muitas empresas, as ações de marketing são delegadas aos profissionais de vendas. Estes, por força de ofício, desenvolvem estratégias comerciais baseadas principalmente no composto promocional. Os demais departamentos — produção, administrativo, financeiro, recursos humanos e outros —, presos às suas atividades rotineiras e, algumas vezes, por falta de conhecimentos específicos, negligenciam o marketing em suas áreas.

No mundo corporativo contemporâneo, o marketing precisa estar inserido nas principais decisões empresariais. Nos novos modelos de gestão, os conceitos de marketing devem ser difundidos para todos os departamentos da empresa, tornando a busca constante da satisfação do cliente o objetivo a ser perseguido por todos. O ideal seria que, dentro de uma organização, todos os colaboradores agissem pensando sempre em novas formas de satisfazer as necessidades dos clientes.

De modo geral, o marketing é visto como uma área criativa. Muitos profissionais optam por trilhar esse caminho porque se sentem menos confortáveis em lidar com questões financeiras ou de natureza técnica. Essa tendência é reforçada pela crença de que o pessoal de marketing é mais criativo e menos analítico do que os profissionais de outras áreas. De fato, precisamos reverter essa imagem e desenvolver um papel de liderança e de transformação do marketing, fazendo com que profissionais da área possam ser vistos como agentes de inovação e mudança, com competência necessária de análise e síntese para lidar com esses desafios (Kumar, 2006).

Outra visão equivocada vincula o profissional de marketing ao termo "marqueteiro". Este termo, às vezes usado com cunho pejorativo, retrata um profissional prático, com perfil criativo, mas carente de conteúdo acadêmico. Em alguns momentos, o "marqueteiro" é visto como aquele que engana as pessoas, força o consumidor a comprar algo de que não necessita ou mascara as verdadeiras características de produtos. Não há dúvida de que é uma imagem totalmente equivocada.

Você deve estar se perguntando: mas, afinal, o que é marketing? Inúmeros são os conceitos apresentados por diferentes autores e instituições, e abordados a partir de diferentes focos. Porém, muito mais do que um conceito em si, é de fundamental importância que se observe a atual abrangência do marketing nas empresas.

Em 1969, o Comitê de Definições da American Marketing Association (AMA) estabeleceu que: "Marketing é o desempenho de atividades da empresa que se relacionam com o fluxo de bens e serviços, do produtor para o consumidor ou usuário" (AMA, 1988). Posteriormente, em 1971, o mesmo comitê acrescentou: "Marketing é o processo de planejar e executar a concepção, a determinação de preço, a promoção e a distribuição de ideias, bens e serviços para criar negociações que satisfaçam metas individuais e organizacionais". Segundo esse conceito, as ações de marketing partem da empresa que, após desenvolver seus produtos e serviços, desenvolve também estratégias para levá-los até seus clientes.

Propondo uma visão mais abrangente, em que o cliente e o mercado passam a balizar as ações da empresa, Kotler (1996:31) afirma que marketing é "a atividade humana dirigida para a satisfação de desejos, através do processo de troca". E acrescenta que é "um processo social por meio do qual pessoas e grupos obtêm aquilo de que necessitam e o que desejam com a criação, oferta e livre negociação de produtos e serviços de valor com outros" (1996:27). E conclui: "Marketing é dar satisfação ao cliente de forma lucrativa para a organização".

Segundo Drucker (2001), marketing é o negócio visto pelo ponto de vista dos consumidores. Ele refere-se ainda à questão, destacando que sempre haverá necessidade de algum esforço de vendas, mas que o objetivo do marketing é preparar a oferta de forma a tornar a venda supérflua. A meta é conhecer e compreender tão bem o cliente que o produto ou o serviço se adapte a ele e se venda por si só. Daí em diante, basta tornar o produto ou o serviço disponível.

Com base nesses conceitos, a essência do marketing é o processo de troca, no qual as partes envolvidas permutam algo de valor, com a finalidade de satisfazer suas necessidades recíprocas. É uma filosofia gerencial, que tem como base a orientação para o cliente e a sustentabilidade das organizações, sejam elas públicas ou privadas, com ou sem a orientação para o lucro.

O marketing no mundo moderno

O mundo contemporâneo vem assistindo a constantes e profundas modificações da sociedade, no que tange a hábitos, atitudes, comportamentos e conhecimentos. As novas tecnologias se tornaram determinantes na busca contínua por aperfeiçoamento e modernização. Produtos e serviços que até pouco tempo faziam parte dos filmes de ficção científica, hoje estão presentes em nosso cotidiano. Como exemplos, citamos os aparelhos de telefonia celular, a TV por assinatura, a internet de alta velocidade, os computadores portáteis do tipo *laptop*, *palmtop* e *smartphone*. Especificamente na saúde podemos citar a ressonância nuclear magnética, o coração artificial, a biotecnologia e o projeto genoma, entre outros.

O mundo digital tornou-se cotidiano. Nele é possível estar virtualmente em qualquer lugar do planeta, em tempo real. Os avanços tecnológicos fomentaram o fenômeno da globalização, o que provocou uma transição de um modelo antes concentrado, localizado, cativo, próprio, para outro que contempla uma visão ampliada, externa, compartilhada, descentralizada. Mudar passa a ser a tônica do momento. O ritmo de mudança é tão intenso que a capacidade de mudar se tornou uma fonte de vantagem competitiva. Jack Welch, o famoso ex-presidente da GE, alerta que as opções são: mudar ou morrer.

No início do século passado, Henry Ford comandou a então líder no mercado de automóveis nos EUA, produzindo exclusivamente carros pretos de um único modelo. Sem concorrentes, a Ford dominou o mercado por muitos anos, até que, quando resolveu diversificar, a General Motors já havia assumido a liderança por conta de ações de marketing mais voltadas para as necessidades do mercado, como vender carros de cores e modelos diferentes.

A abreugrafia foi, por muitos anos, um exame utilizado para a propedêutica pulmonar. Inúmeras clínicas tinham na abreugrafia o seu principal negócio. Quando esse procedimento deixou de ser solicitado por empresas e órgãos públicos, as clínicas que não foram capazes de perceber as mudanças e de buscar alternativas tiveram que fechar as portas.

Outra característica do mundo atual é a elevada oferta de novos profissionais no mercado, bem como as novas exigências de capacitação técnica. Há no Brasil uma explosão de novas faculdades, principalmente no setor de saúde — medicina, odontologia, enfermagem, farmácia, fisioterapia, entre outras. Tal fato, provavelmente, irá induzir uma maior competição por emprego, por diferenciação e por salário.

No quadro 1, algumas das principais transformações no ambiente empresarial.

Quadro 1

PRINCIPAIS TRANSFORMAÇÕES NO AMBIENTE EMPRESARIAL

Antes	Agora
Tudo feito na própria empresa	Terceirização
Desenvolvimento isolado	Alianças estratégicas com outras empresas
Foco doméstico	Foco local e global
Voltada para o produto	Voltada para o mercado e para o cliente
Produtos padronizados	Produtos adaptados/personalizados
Marketing de massa	Marketing de segmentação
Demora em lançar novos produtos	Desenvolvimento acelerado
Muitos fornecedores	Poucos fornecedores com relacionamento
Mercado físico	Mercado virtual

Os clientes de hoje são mais sofisticados e exigentes, mais informados e sensíveis a preço, sentem-se com mais direitos, dispõem de pouco tempo e querem mais conveniência, maior equiparação e menor fidelidade aos fornecedores, são menos sensíveis às marcas tradicionais e mais interessados em marcas genéricas e de revendedores, têm expectativas claras quanto a serviços e atendimento.

Diante desse cenário, novos desafios vêm sendo impostos tanto às organizações, quanto aos profissionais de saúde, cujas atuais preocupações são: a escalada dos custos, o poder crescente das operadoras de saúde e dos fabricantes de produtos genéricos, a rápida obsolescência de procedimentos clínicos, cirúrgicos e de diagnóstico, a baixa percepção de qualidade por parte dos clientes, um maior apelo por preços baixos, e a crescente concentração do sistema hospitalar privado.

Verifica-se também o aumento da importância do sistema público de saúde no atendimento à população. A maneira como as políticas públicas têm sido desenvolvidas no país levam o governo a utilizar, de forma intensiva, não só a sua estrutura, como também a estrutura instalada pela iniciativa privada. Essa forma de atuação tem permitido obter expressivos avanços nas áreas de vacinação pública, medicina preventiva e nos procedimentos de alta complexidade, como diálise renal, tratamentos de câncer e transplantes, entre outros. Vale ressaltar o avanço do Programa Saúde da Família (PSF), responsável pela considerável redução nos índices de mortalidade infantil. Apesar das conquistas, existem ainda obstáculos a transpor em inúmeras áreas, tais como nos atendimentos ambulatoriais e nos procedimentos de baixa e média complexidade.

Esse cenário leva a transformações também nas práticas de marketing. E podemos esperar mudanças ainda maiores. A internet provavelmente ganhará dimensões mais expressivas. Diagnósticos possivelmente poderão ser feitos a partir do próprio computador pessoal do cliente em contato com o dos laboratórios. A intermediação entre atacadistas e varejistas, entre empresas e fornecedores, feita pela rede de computadores, facilitará os processos de compra e venda. As relações entre profissionais de saúde e pacientes poderão ser implementadas pela internet. A individualidade e a privacidade estarão cada vez mais limitadas pela exposição constante à tecnologia.

Por outro lado, nesse ambiente tecnológico as informações serão ainda mais valiosas. Empresas terão em seus arquivos dados preciosos sobre preferências, necessidades e exigências de seus clientes por meio de sistemas de gerenciamento de informações baseados em softwares como os de CRM, *data mining* e *data wherehouse*. Os conceitos utilizados na operação desses sistemas são abordados no livro de Valle et al. (2010).

Nos últimos anos as empresas de serviços experimentaram a diversificação dos seus negócios. Farmácias vendem produtos de conveniência, e não só medicamentos; restaurantes têm salas para shows e palestras; livrarias se confundem com cibercafés; universidades e aeroportos têm em seus prédios inúmeras lojas, funcionando como um shopping center. E os hospitais, as clínicas e demais organizações de saúde? Continuarão os mesmos ou incorporarão lojas de conveniência, hotel, restaurantes, auditórios para eventos, estacionamento? Será que empresas de planos de saúde seguirão vendendo somente planos de saúde? Os consultórios médicos poderão oferecer outros serviços além de consultas médicas? A propaganda mudará o foco, diminuindo os anúncios de massa na TV, devido à existência de dezenas de canais diferentes? Os jornais e revistas impressos poderão ter que reduzir suas tiragens, pelo avanço da internet? A propaganda voltada para públicos-alvo específicos ganhará mais força? Essas são perguntas para as quais o profissional de marketing deve estar atento.

O cenário para a saúde

O momento atual do mercado de saúde no Brasil merece análise especial. Por muitos anos o sistema de saúde privado se concentrou na geração de riqueza, com base na tecnologia e na complexidade do atendimento. A modernidade dos equipamentos de diagnóstico e tratamento e a solicitação de um número cada vez maior de exames complementares foram difundidos como padrão de qualidade de atendimento. Durante essa fase houve pouca preocupação com o cliente, com suas necessidades, e se o sistema estaria, de fato, tornando melhor o atendimento. Essas ações do passado culminaram com a elevação preocupante dos custos da assistência à saúde e, o que é pior, com a insatisfação dos clientes, que buscam cada vez mais um atendimento humanizado e de qualidade. Se, por um lado, o crescimento da participação da iniciativa privada no setor se deu ocupando uma lacuna deixada pelo sistema público de saúde, por outro, ações governamentais de origem tanto legislativa quanto executiva passaram a exercer forte regulamentação do setor.

Os profissionais estão experimentando profundas mudanças, tanto no seu âmbito da atuação, quanto no relacionamento com hospitais, públicos e privados, operadoras de saúde, laboratórios e outras organizações. Em relação ao exercício rotineiro de atividades, boa parte está trabalhando cada vez mais para manter um nível satisfatório de renda, muitas vezes com vários empregos. Em alguns casos, as condições de trabalho são questionáveis, devido à precária estrutura do setor, principalmente a pública. Os processos legais contra os profissionais tornaram-se frequentes; a liberdade de prescrição e solicitação de exames complementares está cerceada, por imposição de algumas operadoras de saúde.

Os hospitais também estão passando por um momento crítico, de dificuldades gerenciais e financeiras. Tal fato exige importantes e imediatas reflexões, análises e decisões para o setor. Os custos hospitalares estão cada vez mais elevados, seja por pressão dos custos fixos, seja pela complexidade natural da assistência médica. Por outro lado, o comprador do serviço, principalmente operadoras de saúde, pressiona por preços cada vez mais baixos, que, na maioria das vezes, são insuficientes para cobrir os custos. Como consequência temos hospitais endividados, dependentes de empréstimos a juros elevados, inoperantes, chegando ao ponto de comprometer sua sustentabilidade. Estudos recentes têm demonstrado que a margem de lucro líquido dos hospitais com seu negócio principal vem caindo. Por outro lado, os itens materiais e medicamentos têm tido crescente participação no faturamento. A hotelaria, os exames e as taxas de uso de centro cirúrgico estão deixando de ser o negócio principal, provocando uma distorção: os hospitais estão deixando de ser prestadores de serviço e passando a ser fornecedores de materiais e de medicamentos. Outro ponto para análise refere-se ao conflito existente entre os hospitais e as operadoras de saúde, pautado na desconfiança, na auditoria fiscalizadora e punitiva, e não na construção conjunta de eficientes modelos de gestão.

Assim, podemos resumir o cenário atual de hospitais da seguinte forma: dificuldades de gestão estratégica e financeira; custos crescentes, com forte pressão por redução de preços; desenvolvimento tecnológico e científico diminuindo as internações hospitalares; dependência do Sistema Único de Saúde (SUS).

O setor de operadoras de saúde também merece algumas considerações. Como os hospitais, esse segmento passa por dificuldades de gestão administrativa e financeira, afetando principalmente as pequenas empresas. Por outro lado, o processo de consolidação, por meio de fusões e aquisições entre as grandes empresas, acrescido de investimentos em capacitação técnico-profissional e de maior captação de recursos financeiros por meio de investimentos diretos ou de abertura de capital na bolsa de valores, tem resultado em ganhos gerenciais expressivos. Consequentemente, empresas fortes e bem estruturadas vêm mudando a fisionomia do setor, principalmente por meio da estratégia da verticalização. Assim, algumas empresas têm adquirido hospitais, clínicas de propedêutica, laboratórios de análises clínicas, e conseguido, por meio de uma gestão empresarial eficiente, diminuir custos. Tais ações vêm permitindo a recuperação financeira e a ampliação da força e do poder de negociação desse setor.

O cenário atual para operadoras de saúde pode ser definido como tendo: custos crescentes, com forte pressão por redução de preços, legislação rigorosa — que obriga a ampla cobertura de serviços, crescimento do mercado diretamente dependente do crescimento da economia do país, forte concorrência, altos índices de reclamações no Programa de Proteção e Orientação ao Consumidor (Procon) e na Agência Nacional de Saúde Suplementar (ANS).

O que podemos esperar, em termos de futuro, em relação ao cenário da saúde no Brasil e no mundo? Quais serão as mudanças e como podemos nos antecipar a elas? Estamos preparados para nos adaptar às novas características desse mercado?

Para responder a essas perguntas, devemos estar continuamente analisando e acompanhando as tendências do ambiente do cenário da saúde.

Uma das tendências para o futuro, que na verdade já nos acompanha no presente, é o desenvolvimento tecnológico. Devemos lembrar que não estamos falando somente dos equipamentos, sempre em constante evolução e aperfeiçoamento. Referimo-nos também aos principais avanços nas áreas da informação, do conhecimento e da biotecnologia. Novos conceitos biológicos, novas descobertas nas áreas de genética, fisiologia e fisiopatologia, novas modalidades terapêuticas, clínicas e cirúrgicas. A medicina biomolecular estará cada vez mais perto da rotina profissional diária, orientando no diagnóstico e na terapêutica de várias doenças. A prevenção continuará sendo a maior preocupação, tanto dos profissionais da saúde, quanto dos governantes, focados também na redução do custo crescente do sistema de saúde em todo o mundo.

Com a prevenção em alta e com os avanços da terapêutica clínico-medicamentosa, a necessidade de internações hospitalares tende a diminuir. Possivelmente, técnicas não invasivas e, principalmente, medicamentos, substituirão procedimentos cirúrgicos. Além disso, mudanças comportamentais e culturais já direcionam para as internações domiciliares, onde o paciente fica mais próximo do aconchego e da atenção de seus familiares, convivendo em seu próprio ambiente, humanizando, portanto, o tratamento.

A mudança na composição da pirâmide etária no Brasil é outro aspecto a ser considerado. O número de idosos está crescendo e o de crianças diminuindo. As organizações de saúde poderão oferecer serviços diferenciados e segmentados a esses públicos, bem como desenvolver estratégias de atuação específicas.

A formação técnica dos profissionais de saúde passa hoje por profunda mudança. Além do conhecimento técnico-científico, esses profissionais devem se aperfeiçoar também em outras áreas. Conhecimentos de administração, marketing, economia, filosofia, psicologia, religião, sociologia, antropologia, meio ambiente, entre outros, serão necessários para a prestação de um serviço de qualidade, que satisfaça as necessidades e desejos de um cliente cada vez mais exigente. A reciclagem de conhecimentos será cada vez mais necessária e em intervalos de tempo cada vez menores.

O perfil das especialidades médicas pode se alterar. Assim, baseado no desenvolvimento tecnológico, no conceito da prevenção e nas mudanças demográficas, especialidades cirúrgicas e intervencionistas poderão ser cada vez menos solicitadas. A pediatria poderá sofrer mudanças no foco de atuação, a partir dos avanços na prevenção com novas vacinas, melhorias sociais e de higiene. A oncologia, possivelmente, terá novos desafios pela frente, assim como a infectologia e a alergologia. A dermatologia e a medicina estética poderão ganhar terreno em relação à cirurgia plástica. A psiquiatria poderá avançar muito no conhecimento, no tratamento e na prevenção das alterações das emoções e do comportamento humano.

A tendência é que o já regulado setor de saúde sofra um maior controle político-legal, principalmente no que se refere a operadoras de saúde, indústria farmacêutica, farmácias, clínicas medico-odontológicas e hospitais. Novas leis, mais abrangentes e exigentes, deverão regulamentar a prestação do serviço médico, a gestão das operadoras de saúde, a produção e distribuição de medicamentos.

Como você pode perceber, o cenário é dinâmico e desafiador. Vamos refletir mais sobre essas questões e aprofundar o conhecimento de como o marketing prepara a organização para enfrentar esses desafios. É o que faremos a seguir.

Análise do ambiente de marketing

Você já deve ter concluído que, diversamente do que pensam alguns profissionais de saúde, o marketing pode contribuir em muito para o aperfeiçoamento das práticas, dos produtos e dos serviços de saúde, adequando-os ao ambiente que os condiciona e aos clientes e pacientes a que se destinam, proporcionando a estes maior satisfação e bem-estar, diminuindo suas ansiedades naturais, relacionadas à sua saúde mental e física.

Para obter tais resultados, você terá que planejar o que fazer (estratégia), e como fazer (tática). O desenvolvimento de um plano de marketing que, normalmente, é elaborado para o período de um ano, tem como objetivo planejar o que se pretende para um produto, um serviço ou uma organização.

O primeiro passo é analisar os vários ambientes que podem exercer influência direta ou indireta sobre o produto, o serviço ou a empresa escolhida. A esses ambientes, que condicionam as estratégias e ações de todas as organizações, sejam elas de saúde ou não, com ou sem fins lucrativos, chamamos de sistema de marketing ou sistema de mercado.

Um sistema de marketing é um conjunto complexo de instituições, direta ou indiretamente dependentes, cujas forças interagentes interferem no comportamento e no fluxo de mercadorias ou serviços entre as organizações e seus mercados.

Vamos inicialmente imaginar que você é gestor de uma organização de saúde pública ou privada que, evidentemente, se relaciona diretamente com os mercados onde atua. Para isso depende de fatores do ambiente interno que são controláveis, como a qualidade e as características dos seus produtos ou serviços, o conteúdo e a forma da sua comunicação, o tamanho e a qualidade do seu corpo clínico, as características e instalações do serviço de hotelaria, entre outros. Todos eles fazem parte do ambiente interno.

Depende também do ambiente externo, no qual encontramos variáveis incontroláveis, que precisam ser conhecidas e às quais também será necessário adaptar-se, como, por exemplo, o comportamento dos clientes e pacientes, que por sua vez estará afetado pela cultura e valores vigentes, pela conjuntura nacional, por seu grupo social de referência e pelos avanços tecnológicos, entre outros fatores impactantes. Além desses aspectos, você precisará ainda considerar mudanças ao nível de governo. Veja que a Agência Nacional de Saúde Suplementar (ANS), a Agência Nacional de Vigilância Sanitária (Anvisa), e os conselhos, tanto federais quanto regionais, das profissões ligadas ao setor exercem forte regulação sobre o mesmo. É no ambiente externo que se encontram os concorrentes diretos e indiretos, nacionais e internacionais.

Em resumo, o que estamos ressaltando é que a sua organização é apenas uma entre as inúmeras que compõem o mercado de saúde, no qual parte das variáveis você controla muito, outras um pouco menos, e ainda há outras sobre as quais não tem o menor controle. A esse conjunto damos o nome de sistema de marketing, que por sua vez é diferente para cada empresa em função do seu tamanho, corpo gestor, recursos materiais e humanos disponíveis, práticas administrativas, enfim, das suas características e peculiaridades.

Nesse complexo sistema, para ter êxito, você precisará agir de forma inteligente e proativa, com muita criatividade e inovação, com cultura e visão amplas, e necessariamente estando muito bem informado. Desta forma você atuará no sentido de minimizar os riscos ou ameaças, maximizar o aproveitamento das oportunidades detectadas, além de satisfazer seus funcionários, para que estes, por sua vez, busquem a satisfação de seus pacientes e clientes.

Inicialmente, você deverá analisar os eventos macroambientais avaliando a relação que eles guardam com o seu ramo de negócio, a importância dos impactos sobre ele e a probabilidade de ocorrerem.

Note que estamos nos referindo à ação das forças macroambientais sobre o segmento, o setor a que sua organização pertence, e não especificamente à sua empresa ou ao produto ou serviço alvo do seu planejamento. O setor de saúde, também conhecido como indústria da saúde, congrega todas as organizações que militam na área, tais como hospitais públicos e privados, clínicas, consultórios médicos e dentários, laboratórios de análises clínicas, diagnóstico por imagem, indústria farmacêutica, empresas de fabricação de equipamentos para a saúde, operadoras de saúde, o Sistema Único de Saúde (SUS), entre outros.

Da mesma forma você pode aproximar sua lente como se, em vez de usar um telescópio, usasse um binóculo, e focasse somente no conjunto de organizações do tipo da sua no Brasil. Ou ainda o mesmo conjunto em um determinado estado, ou cidade, ou bairro. Com isso você reduzirá sua unidade de análise, segundo sua realidade e conveniência, tornando-a mais pontual e objetiva.

O processo de análise é feito sempre de fora para dentro, iniciando com os impactos do ambiente internacional sobre o nacional, do ambiente nacional sobre o setor a que pertence, e finalmente os impactos de todo o conjunto de oportunidades e ameaças encontradas no ambiente externo sobre a sua organização. A figura 1 apresenta o sistema de marketing.

Figura 1
SISTEMA DE MARKETING

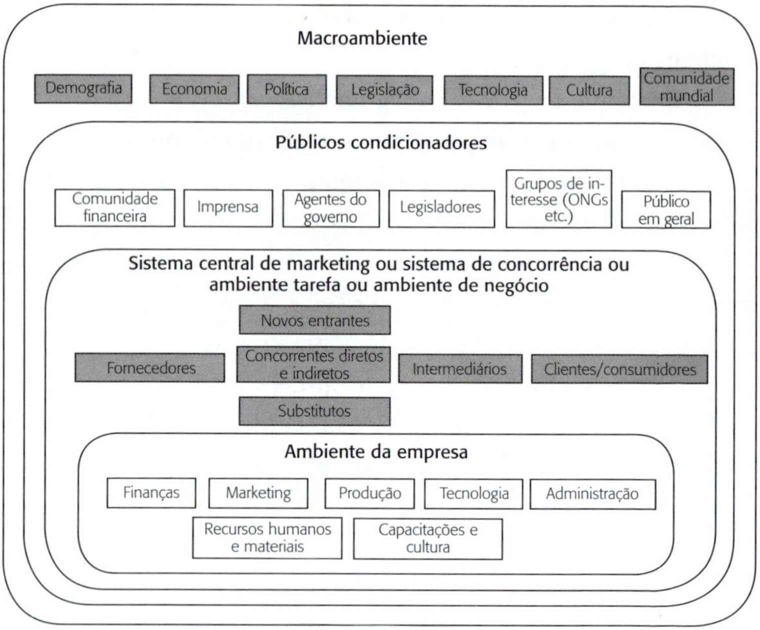

No retângulo maior, que envolve os outros três, está o macroambiente nacional e internacional, sobre o qual não temos nenhum controle. Veja a seguir os aspectos a considerar no macroambiente.

Demografia

Segundo o *Dicionário Houaiss*, demografia é a "ciência que investiga as populações humanas (em aspectos como natalidade, produção econômica, migração, distribuição étnica) sob uma perspectiva quantitativa".

A primeira variável dificilmente deixará de impactar uma empresa, qualquer que seja, relacionada à saúde ou não. Como exemplo, pensemos na composição etária da população do nosso país, que vem se transformando rapidamente, sendo considerada entre aquelas que mais rapidamente tem se modificado em todo o nosso planeta. Se até 1980 podíamos considerar o Brasil um país jovem, com quase a metade da população com menos de 20 anos, em 2020 esse grupo deverá se reduzir para apenas cerca de 30% da população, com a forte diminuição na taxa de natalidade no período, segundo o Instituto Brasileiro de Geografia e Estatística (IBGE, 2003).

Este fato, se por um lado ameaça toda a estrutura de saúde montada para atender crianças e adolescentes (pediatria, ginecologia e obstetrícia, maternidades, entre outras áreas), por outro cria oportunidades para a estrutura voltada para a terceira idade (geriatria, *home care*, fisioterapia, clínicas especializadas em terceira idade), com um significativo aumento da taxa de expectativa de vida, bem como de toda a estrutura voltada para o público adulto, que já se encontra subdimensionada.

Neste item ainda é preciso analisar a distribuição das concentrações urbanas pelo território nacional, a renda dessas populações, seus hábitos em relação à saúde, seu potencial de compra ou uso de serviços de saúde, incidência de doenças regionais, e assim por diante.

Economia

Aqui devem ser analisados todos os fatores econômicos que podem ter impacto sobre a indústria da saúde, como a taxa de evolução do produto interno bruto (PIB), que mede o crescimento econômico do país, ou até mesmo apenas o PIB na área de saúde, que tem apresentado crescimento anual superior a 4%. Câmbio, taxas de importação e exportação, nível de emprego, entre outros fatores, também devem ser avaliados. Muitas das informações necessárias a essa análise podem ser encontradas gratuitamente em fontes como o IBGE, ministérios, órgãos públicos, publicações especializadas e na internet.

A título de ilustração, estudo do IBGE baseado no faturamento do setor de saúde indica que os atendimentos hospitalares privados participam com 11% do total faturado; hospitais públicos, com cerca de 33% do total e a indústria farmacêutica com cerca de 13%. Como vimos anteriormente, o setor tem crescido a taxas superiores a 4% ao ano. Esses são dados importantes a serem considerados no estudo macroambiental. A eles devem se somar outros, dependendo do objetivo a ser perseguido.

Política

Para a análise necessária no que tange à importância da política e seus impactos positivos e negativos sobre o setor da saúde, sugerimos aprofundar suas reflexões sobre as seguintes questões, já que a saúde se subdivide em diversos segmentos, cuja relação com a política provoca diferentes efeitos.

- Como a política influencia sua atividade?
- Como é a política do governo federal, no que diz respeito à saúde, na área em que você atua? E a do seu estado? E a do seu município?
- Esses fatores são ameaças ou oportunidades para o setor ou indústria onde você atua (indústria farmacêutica, hospitalar pública, hospitalar privada, clínicas, operadora de saúde)?
- O governo tem se dedicado a prover boas condições de vida à população, destinando os recursos necessários à profilaxia das doenças, como saneamento, limpeza das áreas públicas, tratamento do lixo, entre outros?

Legislação

Nossa Constituição Federal de 1988, art. 196, evita discutir o conceito de saúde, mas diz que: "A saúde é direito de todos e dever do Estado, garantido mediante políticas sociais e econômicas que visem à redução do risco de doença e de outros agravos e ao acesso universal e igualitário às ações e serviços para a promoção, proteção e recuperação".

Para executar o determinado pela Constituição, foi criado o Sistema Único de Saúde (SUS), que, pelo próprio conteúdo do art. 196, se mostra insuficiente, não tendo gestão sobre as políticas sociais e econômicas.

No que diz respeito aos órgãos reguladores, não podemos deixar de levar em consideração a atuação dos conselhos regionais, principalmente na sua relação com a saúde privada. Grande impacto também tem a ANS, criada pela Lei nº 6.691, de 2000, e a regulamentação do setor de planos de saúde, que ocorreu por meio da Lei nº 9.656, de 1998.

Vamos nos debruçar sobre o assunto legislação e propor algumas questões que poderão servir para um início de reflexão sobre as leis brasileiras relacionadas à saúde.

- ❑ A legislação do país favorece o segmento do setor da saúde no qual você atua?
- ❑ A legislação brasileira tem sido cumprida nas questões de saúde relacionadas ao seu segmento?
- ❑ Os órgãos reguladores têm cumprido a contento o seu papel?
- ❑ Quais leis são ameaças ao setor, e quais são facilitadoras das suas atividades em saúde?

Os impactos da legislação na área da saúde podem ser aprofundados no livro de Machado et al. (2010).

Tecnologia

Muitos profissionais de saúde, quando pensam em novas tecnologias, imaginam apenas computadores. Mas a definição de tecnologia é muito mais ampla.

Tecnologias são todas as formas de conhecimento que podem ser utilizadas para a solução ou redução dos problemas de saúde de um indivíduo ou população. Equipamentos, medicamentos, insumos, infraestrutura e procedimentos utilizados na prestação de serviços são exemplos nos quais a tecnologia está inserida.

Mas como devem ser avaliadas as novas tecnologias? Veja a seguir uma breve proposta.

- *Segurança*: elas podem gerar eventos adversos?
- *Eficácia*: a tecnologia funciona a contento?
- *Efetividade*: a tecnologia funciona no meu serviço? Oferece melhoria do diagnóstico? Conta com a adesão do clínico e do paciente? Temos estrutura para incorporá-la? Realizamos os estudos de viabilidade econômico-financeira adequados?
- *Impacto organizacional*: qual o impacto organizacional gerado por ela? Esse impacto é proporcional ao esforço humano e financeiro que precisamos realizar?
- *Impacto ético e social*: qual a extensão do impacto ético e social provocado pelas novas tecnologias?

Dando continuidade, devemos procurar responder de forma diferenciada às questões referentes às tecnologias diretamente vinculadas à saúde.

- A tecnologia nacional de saúde supre as necessidades do setor?
- Em que áreas podemos considerar termos tecnologia superior aos nossos concorrentes e em quais temos necessidade de adquirir novas tecnologias para nos tornarmos competitivos?

- Existe empenho, estímulo, auxilio ou linha de financiamento do governo para o desenvolvimento de projetos tecnológicos em saúde que possam contribuir com minha atividade?

Cultura

Segundo o *Dicionário Houaiss*, cultura é o "conjunto de padrões de comportamento, crenças, conhecimentos e costumes que distinguem um grupo social"; ou, ainda, é a "forma ou etapa evolutiva das tradições e valores intelectuais, morais, espirituais (de um lugar ou período específico); civilização".

Você já observou que saúde e cultura são conceitos intimamente ligados? O conceito de saúde reflete a conjuntura social, econômica, política e cultural de um país. Ou seja: saúde não representa a mesma coisa para todas as pessoas. Dependerá da época, do lugar, da classe social. Dependerá de valores individuais, de concepções científicas, religiosas, filosóficas. Enfim, o conceito de saúde, além dos fatores genéticos, está diretamente relacionado com a cultura de um povo, com os hábitos e as condições em que vive.

Emanações de regiões insalubres são capazes de causar doenças como a malária. O nome, aliás, vem do latim e significa "maus ares". Para a cultura oriental, maus hábitos de vida levam ao desequilíbrio. Fala-se de forças vitais que existem no corpo; quando funcionam de forma harmoniosa, há saúde; caso contrário, sobrevém a doença. Algumas medidas terapêuticas (acupuntura, ioga) têm por objetivo restaurar o fluxo normal de energia no corpo.

Na definição explicitada na Carta de Ottawa, da Organização Mundial de Saúde (OMS), de 1986, a promoção da saúde é o processo de capacitação da comunidade para que ela própria possa participar e controlar ações para a melhoria da sua qualidade de vida e saúde (IBGE, 2008).

Analisando a saúde sob o aspecto cultural, somos levados a muitas reflexões e indagações:

- Como é a cultura da população brasileira quanto às questões de saúde?
- Nossa população tem condições culturais para realizar ações em benefício da profilaxia de doenças?
- Existem crenças e práticas populares, usadas extensivamente em determinadas regiões, que podem agravar o quadro de inúmeras doenças?
- A cultura da população auxilia ou dificulta a solução das questões referentes à saúde?

Públicos condicionadores

Lembra-se do quadro sobre o sistema de marketing? No segundo retângulo estão representados os chamados "públicos condicionadores", com os quais precisamos estar bem, pois em determinados momentos da vida da empresa dependemos deles, quer seja para o financiamento de capital de giro ou validação de nossas ações na bolsa de valores pela comunidade financeira, quer seja para que agentes do governo nos auxiliem na aprovação de leis, ou para que ONGs não levantem suas bandeiras contra nós, ou ainda para que o público em geral nos veja como uma instituição útil para a sociedade ou comunidade, e assim por diante.

Ambiente de negócio da indústria ou setor

Tradicionalmente, quando se pensava em concorrente, só se imaginava combater os concorrentes diretos, aqueles com quem nos confrontávamos na disputa do mercado. Porter (1991) chamou a atenção das organizações para uma forma mais barata e muitas vezes mais eficaz de crescer e concorrer: por meio de fusões, parcerias e incorporações, com foco na concorrência global. Para tanto, desenvolveu o modelo de análise estrutural da indústria, também conhecido como modelo das cinco forças de Porter. Ressalte-se, leitor, que Porter, nos seus textos, ao se referir à "indústria", está na realidade se referindo ao setor, ou seja, ao grupo de organizações que compõem um mesmo segmento. Por exemplo: indústria da saúde, da alimentação, da energia, entre outros.

De forma tímida e isolada, o empresariado brasileiro incorporou o conceito de crescer por meio de fusões, parcerias e incorporações, criando grandes corporações capazes de competir globalmente. A criação da AB InBev, assim como as expansões internacionais de grupos como Votorantin, Gerdau, Friboi e Brasil Foods são bons exemplos. Também na área de saúde essa tendência está se confirmando. A compra da Medial pela Amil é outro bom exemplo.

A teoria da análise estrutural da indústria se baseia na análise dos participantes do setor e nas estratégias utilizadas por eles com o objetivo de desenvolvimento de diferenciais competitivos. Na teoria, temos que a estrutura da indústria sofre influência e é influenciada pelas seguintes cinco forças competitivas: poder de barganha dos fornecedores, novos entrantes, concorrentes, produtos substitutos e compradores. Essas cinco forças competitivas, que serão separadamente apresentadas a seguir, influenciam a rentabilidade do setor, uma vez que impactam os custos, preços e os investimentos e seus retornos. O modelo é graficamente representado pela figura 2.

A intensidade da rivalidade entre os competidores influencia os preços do setor, assim como os investimentos em pesquisa e desenvolvimento, a implantação de novas unidades hospitalares ou instalações laboratoriais, o tamanho e o treinamento do corpo clínico e administrativo, programas de desenvolvimento de capital intelectual e de atendimento e relacionamento com clientes. Ou seja, a rivalidade é a grande motivadora na busca de ações orientadas para criar valor e vantagem competitiva.

Figura 2

As cinco forças de Porter

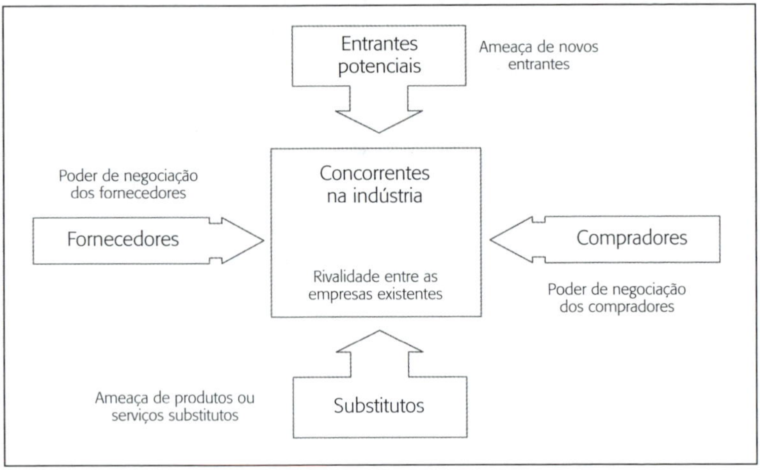

Fonte: Porter (1980:54).

Já o poder de barganha dos fornecedores influencia a rentabilidade, uma vez que determina os custos das matérias-primas, mão de obra e serviços de apoio, entre outros insumos. Os principais fatores que determinam o poder de barganha dos fornecedores são: o grau de concentração do setor; a presença ou ausência de produtos substitutos; o nível de diferenciação ou de custos de mudança dos produtos fornecidos; além da ameaça de integração para a frente por parte dos fornecedores como, por exemplo, a compra ou aumento de participação societária em hospitais ou laboratórios por parte dos planos de saúde.

Por sua vez, o poder de barganha dos compradores pressiona a organização a partir do momento em que força a redução dos preços, exige qualidade superior e, com isso, acirra a disputa entre os concorrentes. Entretanto, esse poder está diretamente ligado ao volume de compras do cliente em relação às vendas totais do fornecedor, à facilidade ou dificuldade de se trocar de fornecedor, ou até mesmo à possibilidade de integração para trás por parte dos compradores, como, por exemplo, quando hospitais implantam ou passam a controlar planos de saúde.

A ameaça dos novos entrantes modifica o setor, em razão de os competidores atuais estarem sempre buscando um posicionamento mais confortável ou privilegiado a fim de alcançar seus objetivos estratégicos. A ameaça de novos entrantes modifica a estrutura do setor, pois, na tentativa de entrar no mercado, força os concorrentes atuais a reduzir seus preços ou a investir em inovação como forma de criar as chamadas barreiras de entrada. Estas são definidas por Porter como um conjunto de reações que o novo concorrente pode esperar por parte dos *players* já existentes. A entrada dos medicamentos genéricos no mercado modificou o cenário da indústria farmacêutica no Brasil.

Os produtos substitutos, por sua vez, desestabilizam o setor, pois passam a ser uma alternativa para os compradores. Porter define produto substituto como aquele que, por seu desempenho, tende a tornar os produtos atuais obsoletos em determinado espaço de tempo. A ameaça dos substitutos será tanto maior quanto melhor for a relação custo/benefício, ou quanto menor for o preço. Em ambos os casos, a entrada de substitutos irá impactar a lucratividade das organizações do setor. Os procedimentos de angioplastia, por exemplo, substituíram parcialmente as cirurgias cardíacas tradicionais, nos casos indicados.

Qualquer estudo específico para o setor de saúde no Brasil deve, complementarmente às cinco forças competitivas de Porter, considerar também, como vimos anteriormente, a forte influência que os agentes reguladores, representados pela ANS e pela Anvisa, bem como os conselhos, tanto federais quanto regionais das profissões ligadas ao setor, exercem. Suas influências, positivas ou negativas, gerando oportunidades ou ameaças, devem ser muito bem analisadas e consideradas, complementando a teoria das cinco forças competitivas de Porter, aqui apresentada.

A avaliação das cinco forças competitivas de Porter permite às organizações fazer uma leitura mais completa de cenários e do setor em que atuam. Possibilita também que escolham, de maneira embasada, entre as três estratégias genéricas de competição definidas pelo mesmo autor: liderança em custo, diferenciação e enfoque.

Ao escolher a estratégia da liderança em custo, a organização passa a ter como meta trabalhar com o menor custo do setor. Para isso precisará de ganhos com economia de escala de produção ou de uma forte orientação no controle de seus custos, como: marketing, processos internos, pesquisa e desenvolvimento, entre outros. As organizações de saúde pública brasileiras, em geral, até mesmo por questões orçamentárias e de legislação, poderiam ser definidas como orientadas para custos.

Ao adotar a estratégia de diferenciação, a organização buscará a vantagem competitiva por meio de diferenciais percebidos pelo mercado como únicos e de valor. As principais fontes de diferenciação de uma organização podem estar nos seus produtos e serviços (hospitais Moinho de Vento, em Porto Alegre, e Sírio Libanês, em São Paulo), na sua marca (Hospital Albert Einstein, em São Paulo, e Clínica Ivo Pitanguy, no Rio de Janeiro), na tecnologia adotada (hospitais Sarah Kubitschek em várias cidades, Fundação Pio XII — Hospital do Câncer de Barretos, Hospital do Coração HCor, em São Paulo; bem como os laboratórios Biomanguinhos da Fiocruz, no Rio de Janeiro, e o Laboratório Farmacêutico de Pernambuco, Lafepe, em Recife), nos preços (Laboratório Bronstein Popular, consultórios e clínicas voltados para a população de baixa renda), na sua forma de distribuição e entrega (Centro Integrado de Diagnóstico, CID, do Laboratório Sérgio Franco, no Rio de Janeiro — onde se pode realizar os mais diversos exames diagnósticos em um só lugar) e nos seus serviços personalizados (serviços de *home care* da Pronep no Rio de Janeiro).

Ainda no que se refere a diferencial, alguns hospitais brasileiros foram considerados entre os melhores do mundo pela Joint Commission International (JCI), entidade norte-americana que certifica serviços de saúde em mais de 60 países. Isso assume especial relevância à medida que a certificação passa a ser cada vez mais exigida pelo mercado. Os destaques brasileiros, segundo a JCI, são: Hospital Albert Einstein, Hospital do Coração (Hcor) e Hospital Samaritano, todos de São Paulo. Além destes temos também o Hospital Moinhos de Vento, em Porto Alegre, e dois hospitais públicos do Rio de Janeiro: HemoRio e Instituto de Traumatologia e Ortopedia.

Já com a adoção da estratégia de enfoque, a organização deseja atuar num segmento pouco explorado, ou num nicho de mercado, que pode ser um grupo de clientes com um conjunto de características demográficas específicas — faixa etária, sexo, classe social — ou um mercado geográfico específico. Podemos citar, como atuando em nicho de mercado, a clínica Rien Nefrologia, no Rio de Janeiro, especializada em hemodiálise, o Hospital do Rim em São Paulo (organização pública vinculada à Escola Paulista de Medicina da Universidade Federal de São Paulo, Unifesp), a maternidade do Hospital Santa Joana, no Recife (considerada uma das melhores do Brasil). A organização pode optar por uma estratégia de liderança em custo com enfoque ou de diferenciação com enfoque. A decisão entre esses enfoques deve levar em consideração a atratividade do mercado, sua rentabilidade e os recursos da organização.

Ambiente da empresa

Voltando à nossa figura do sistema de marketing (figura 1), no retângulo menor aparece o ambiente da empresa. Nesta etapa será feita a análise da sua organização de saúde, que você tem a obrigação de conhecer ampla e profundamente, sem distorcer a realidade.

A metodologia de análise dos ambientes que será a seguir apresentada foi criada por Albert Humphrey, na Stanford University, na década de 1960. Ele a denominou Swot, sigla formada pelas palavras inglesas *strengths* (forças), *weaknesses* (fraquezas), *opportunities* (oportunidades) e *threats* (ameaças), conceito este desenvolvido por Kotler e Keller (2006).

Ameaças e oportunidades dizem respeito ao ambiente externo à organização. As forças e fraquezas, ao ambiente interno da empresa. Essa é a metodologia de aplicação da análise Swot. Segundo ela, você deve identificar as forças e fraquezas da sua organização de saúde, bem como as ameaças e oportunidades encontradas no ambiente externo à organização, tornando a análise o mais impessoal e objetiva possível.

A análise deverá dar lugar à proposta de estratégias e ações táticas a serem incluídas no planejamento, de forma a minimizar, ou eliminar, as fraquezas e as ameaças, e manter, ou maximizar, as forças e as oportunidades.

A análise Swot nos dá uma visão clara de:

- quais os fatores externos que estão atuando ou influenciando o negócio e criando oportunidades e ameaças, independentemente do desejo e das competências da organização;
- qual o impacto de cada oportunidade ou ameaça identificada; o mesmo se dá para forças e fraquezas;
- quanto a organização está preparada para enfrentar cada oportunidade ou ameaça identificada.

A partir da elaboração da análise Swot, a organização poderá partir para a formulação de objetivos e estratégias, definindo, à luz dos itens elencados, que ações internas devem ser adotadas para cada oportunidade ou ameaça identificada.

O processo de análise não deve ser uma atividade solitária, precisando envolver todos os atores que, necessária ou casualmente, sofrerão o impacto dessas análises e que por isso devem contribuir com elas. Assim, usando como exemplo uma organização qualquer da área de saúde, devem estar envolvidos agentes de decisão de toda natureza: gestores financeiros, representantes do corpo de enfermagem, responsáveis pelo serviço de hotelaria, chefes de serviço (clínica, cardiologia, pronto-socorro, ortopedia, UTI), bioestatísticos, responsáveis pelo pós-atendimento e controle da qualidade, representantes de grupos de pacientes, entre outros.

Ou seja, para o desenvolvimento de um bom trabalho de marketing, é ideal que seja formado um grupo multidisciplinar atuante, participante e engajado, composto por um representante de cada uma das áreas-chave da organização.

O planejamento de marketing atua sobre todas as áreas da empresa, e delas depende tanto na fase analítica, que acabamos de ver, como na fixação de objetivos, na escolha de estratégias e suas táticas consequentes, bem como da sua implantação.

Neste capítulo vimos a interdependência dos vários ambientes analisados, seu impacto sobre o setor e a organização. Realizar qualquer planejamento que seja, sem passar pelas análises descritas, é no mínimo temerário, e poderá comprometer todo o esforço seguinte. E, o que é pior, pode levar à fixação de objetivos, ao desenvolvimento de estratégias e táticas equivocadas, pondo em risco toda a organização. Não se trata de considerar o que os estrategistas acham disso ou daquilo, mas sim de estudar os ambientes que formam a realidade da organização e tomar as decisões mais indicadas.

Os aspectos de planejamento estratégico abordados neste capítulo, bem como outros que são complementares, são também apresentados por Moysés Filho e coautores. (2010).

Para analisar os ambientes, conhecer os fatos, transformá-los em informações, correlacioná-los, ordená-los, priorizá-los por seu grau de importância, muitas pesquisas precisam ser realizadas, sejam elas na busca de dados primários, ou secundários, qualitativos ou quantitativos, como veremos no próximo capítulo.

Não precisamos nos tornar *experts* em pesquisa de mercado, mas temos que ter um grau razoável de conhecimento sobre o assunto, ao menos para encomendá-las, e podermos julgar qual é o nosso problema de pesquisa, quais as nossas necessidades, e quais são as melhores alternativas de solução. É o que veremos no próximo capítulo.

2

Sistema de informação de marketing (SIM) e o comportamento do consumidor

A pesquisa de mercado é uma das mais importantes ferramentas de marketing. Para que você possa conhecê-la melhor, vamos apresentá-la neste capítulo, abordando os subsistemas de inteligência de marketing e de pesquisa de marketing. Discorreremos também sobre as pesquisas qualitativas e quantitativas, ressaltando suas diferenças. E, por fim, discutiremos o consumidor e o seu comportamento.

Informações e dados

Como observamos no capítulo anterior, as inúmeras transformações ocorridas no mundo moderno obrigam os profissionais de marketing a estar atentos e monitorando constantemente o que aconteceu, está acontecendo e tende a acontecer. Esse monitoramento inclui os concorrentes diretos e indiretos; as mudanças nos cenários legal, político, econômico, tecnológico, social e cultural; as alterações no comportamento dos consumidores, clientes e pacientes; além das atividades internas da organização, como seu quadro de empregados, seu quadro clínico e administrativo, sua capacidade instalada, seu poder de investimento, sua atualização tecnológica, seu portfólio de produtos e serviços e o posicionamento da sua marca. Esse monitoramento é útil para todos os tipos de organizações, sejam elas privadas, filantrópicas, públicas ou órgãos governamentais.

A informação é uma ferramenta cada vez mais importante no processo de acompanhamento e de percepção das constantes mudanças vividas pelas organizações. A competição globalizada impõe um ritmo acelerado de tomada de decisões. Particularmente no marketing, os profissionais estão constantemente diante de desafios, como os conhecimentos das variáveis de mercado. Além disso, inúmeras informações em tempo real são usadas para o acompanhamento dos concorrentes, do desempenho de vendas de produtos e serviços, da adequação de preços, entre outros.

Portanto, para realizar o planejamento correto para a sua organização de saúde e obter base para suas decisões estratégicas, táticas ou operacionais, os profissionais de marketing no mundo da hipercompetição necessitam de forma imperativa de um fluxo contínuo e profundo de dados e informações. Esses dados serão coletados e processados por um sistema de informação de marketing, que é o conjunto de procedimentos e métodos que visa gerar, analisar, disseminar e armazenar informações relevantes sobre o mercado, o consumidor ou sobre indicadores de desempenho da organização, a fim de detectar problemas, identificar oportunidades e ajudar no processo de decisão de marketing (Dias et al., 2003).

Kotler e Keller (2006:71) sugerem um questionário útil na identificação das necessidades dos executivos por informações de marketing. A seguir estão três dessas questões.

- Que tipo de decisões você toma regularmente?
- De que tipo de informações você precisa para tomar essas decisões?
- Que tipo de informações você obtém regularmente?

Neste sentido, podemos explicar o sistema de informação de marketing como um processo em que as organizações públicas e privadas coletam, armazenam, processam e analisam dados dos ambientes interno e externo que serão utilizados como informações pelos gestores de marketing para o planejamento, definição de objetivos, estratégias e táticas. Ainda dentro do escopo do SIM, temos que contemplar as ações de controle dos resultados que retroalimentam o sistema, não mais como dados, mas como conhecimento, como mostra a figura 3.

Figura 3
Os subsistemas no sistema de informação de marketing

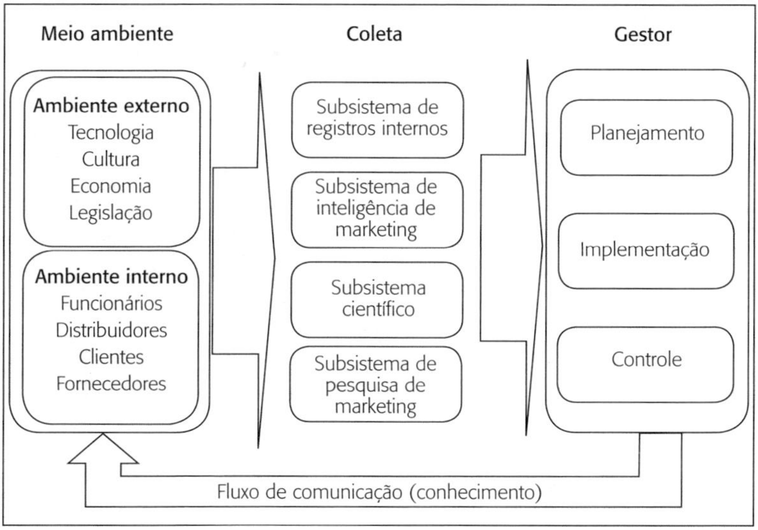

Os quatro subsistemas de coleta de dados expostos na figura 3 são explicados a seguir.

Subsistema de registros internos

Este subsistema vai buscar dados dos resultados obtidos pela organização, e o profissional de marketing poderá se valer deles para identificar ameaças ou oportunidades, como: em que meses há uma maior incidência de doenças respiratórias; em que épocas aumentam os serviços de emergência; qual médico mais indica determinados procedimentos ou exames; qual operadora de saúde mais demanda serviços; quais pacientes custam mais, ou menos; qual o índice de inadimplência; qual o percentual de vendas a vista ou a prazo; qual o percentual de receita oriunda do SUS, das operadoras e dos particulares.

Subsistema de inteligência de marketing

Enquanto o subsistema de registros internos fornece dados de resultados, o sistema de inteligência de marketing fornece dados dos acontecimentos. O profissional de marketing coleta informações lendo livros, jornais, publicações setoriais, assistindo a noticiários, conversando com clientes, fornecedores ou distribuidores, comprando produtos ou serviços dos concorrentes, visitando feiras ou exposições do setor, como, por exemplo, o Hospital Business. A seguir sugerimos algumas ações de inteligência de marketing que podem ser implementadas: treinar e incentivar o corpo clínico e administrativo a interagir melhor com os clientes e pacientes, bem como ouvi-los por meio de sistemas de feedback como o serviço de atendimento ao cliente (SAC); buscar informações sobre o mercado com os demais públicos de interesse, tais como fornecedores de material de consumo, de equipamentos médico-hospitalares, prestadores de serviços especializados, entre outros; estudar e conhecer a concorrência; tirar proveito de dados governamentais; obter informações de institutos de pesquisa de mercado, como o instituto A.C. Nielsen.

Subsistema científico

Além dos dados levantados nos registros internos ou na inteligência de marketing, cada vez mais organizações vêm se valendo de modelos quantitativos, tais como pesquisa operacional, para apoio às decisões de seus executivos de marketing. O profissional utiliza metodologias científicas baseadas em modelos matemáticos e estatísticos, além de softwares de simulações aplicados a séries históricas que poderão ser úteis: por exemplo, na previsão da demanda de uma UTI, na identificação da necessidade da capacidade instalada de uma clínica ou hospital, no gerenciamento das filas de um laboratório de análises clínicas ou do próprio Sistema Único de Saúde (SUS).

Subsistema de pesquisa de marketing

A pesquisa de marketing corresponde, segundo definição de Kotler e Keller (2006:98), "à elaboração, à coleta, à análise e à edição de relatórios sistemáticos de dados e descobertas relevantes sobre uma situação específica de marketing enfrentada por uma empresa". De forma muito semelhante, Malhotra (2008:36) a define como "a identificação, coleta, análise e disseminação de informações de forma sistemática e objetiva e o uso dessas informações para melhorar a tomada de decisão relacionada com a identificação e solução de problemas e oportunidades de marketing". Segundo a American Marketing Association (AMA) (apud Malhotra, 2008), pesquisa é a função que conecta o consumidor, o cliente e o público ao profissional de marketing por meio das informações usadas para identificar e definir oportunidades e problemas, para gerar, refinar e avaliar ações, para monitorar o desempenho e para melhorar a compreensão do marketing como processo.

A pesquisa é um instrumento auxiliar importante no planejamento de marketing, que permite ao gestor avaliar o ambiente mercadológico a fim de tomar decisões. Oferece ainda dados que refletem situações reais, de forma imparcial. Porém, não deve por si só ser o único indicador para a tomada de decisão.

Processo de pesquisa de marketing

A pesquisa, para ser bem realizada e atingir seus objetivos, precisa ser orientada; algumas etapas e tarefas precisam ser cumpridas. Podemos dividir o processo de pesquisa em seis etapas (figura 4).

Figura 4
ETAPAS DO PROCESSO DE PESQUISA DE MARKETING

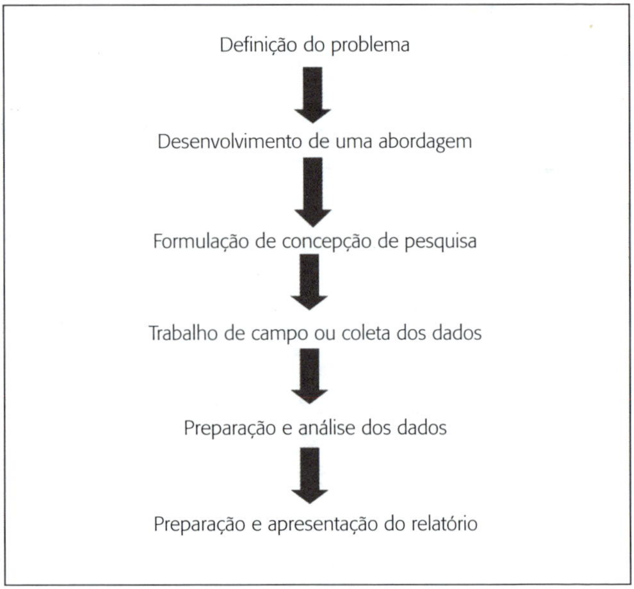

Fonte: Malhotra (2008:43).

Etapa 1: definição do problema

O primeiro passo é definir por que se deseja fazer uma pesquisa, que contribuições serão alcançadas a partir dos dados coletados, como e quando essas informações serão úteis nas decisões estratégicas de marketing.

Etapa 2: desenvolvimento de uma abordagem

Esta etapa é complementar à primeira e corresponde ao estudo e ao desenvolvimento da metodologia de pesquisa, como veremos em seguida. Um dos aspectos de importância é o estudo do contexto do ambiente da empresa. Assim, conhecer os cenários econômicos, políticos e sociais, bem como aspectos legais que envolvem o momento e o contexto da empresa, pode auxiliar na melhor compreensão dos fatores a serem pesquisados.

Etapa 3: formulação da concepção da pesquisa

No planejamento do projeto de pesquisa, há a estruturação dos procedimentos que serão adotados na sua realização. É o momento de planejar o que será necessário para preparar o questionário, como a definição das variáveis, da metodologia, do modelo estatístico e tamanho da amostra.

Tipos de pesquisa

A pesquisa pode ser classificada como exploratória, descritiva e de experimentação. A pesquisa exploratória, que é qualitativa, tem por objetivo auxiliar no esclarecimento e na compreensão de algum problema, ou situação de marketing, vivida pela empresa e que é pouco conhecida ou estudada. Assim, pode ser usada para formular ou definir um problema; levantar hipóteses; compreender o comportamento e as atitudes do consumidor; conhecer fatos até então ignorados, tais como a percepção que o público tem de uma marca. Além de valer-se de dados primários, pode fazer uso de dados secundários, método de observação, entrevistas individuais ou em grupo. Por exemplo, pode ser feita uma pesquisa para verificar qual a imagem que determinado público tem do Hospital Sarah Kubitscheck, de Brasília.

Na pesquisa descritiva, predominantemente quantitativa, o problema já está bem definido e conhecido. Busca-se descrever alguma característica do mercado ou o perfil de um conjunto de consumidores, obtendo resultados quantitativos e estatísticos. Pode ser aplicada, por exemplo, para verificar se é o preço, a localização ou ainda a qualidade do corpo clínico a razão para a queda na procura por um hospital; ou se os clientes estão satisfeitos com o atendimento prestado numa clínica diagnóstica.

A pesquisa de experimentação, que pode ser qualitativa ou quantitativa, dependendo da especificidade do produto ou serviço pesquisado, procura testar ou obter evidências relativas à causa e efeito. Pressupõe que o produto, ou serviço, será utilizado pelo entrevistado. Na indústria farmacêutica, uma aplicação pode ser o teste para introdução de novas embalagens, ou lacres, de medicamentos.

O universo da pesquisa

Uma das primeiras, e mais importantes, definições no processo de pesquisa refere-se ao universo a ser pesquisado. Ele deve ser claramente delimitado. Será formado por um conjunto de indivíduos com características comuns. Imaginemos que você, leitor, decida abrir uma clínica de hemodiálise em São Luís, no Maranhão. Para melhor conhecer os usuários desse tipo de serviço, você vai delimitar o universo. Estará pesquisando apenas pessoas com problemas renais crônicos. Todos os pesquisados deverão fazer parte desse universo.

Amostra

A seleção da amostra em pesquisa é outro item de fundamental importância. Ela precisa ser representativa do universo, reproduzindo-o fielmente. Quando o universo se apresenta de forma homogênea, fica mais fácil obter uma amostra, como no exemplo citado dos pacientes renais crônicos de São Luís. Entretanto, quando no universo os elementos estão distribuídos de forma heterogênea, a amostra poderá induzir a erro em relação à composição real do universo. Por exemplo, numa cidade como Manaus, se buscarmos trabalhar um universo de pessoas que procuraram atendimento de emergência e dele retirarmos uma amostra, nela encontraremos pessoas que foram atropeladas, que tiveram AVC, que se intoxicaram, que se feriram ou que tiveram problemas de visão. Esta amostra é, portanto, heterogênea e não nos levaria a nenhuma conclusão. É necessário, portanto, que o pesquisador defina corretamente seu objetivo e reavalie o universo a ser pesquisado.

Tamanho da amostra

O tamanho da amostra tem sido uma das principais inquietações de todos os que não têm intimidade com o tema. Qual será o tamanho da amostra representativa ideal para que sejam obtidas as respostas esperadas? A ideia básica da amostragem é que, ao selecionar alguns elementos do universo, possamos tirar conclusões sobre toda a população.

Fazer uma pesquisa utilizando uma amostra populacional tem algumas vantagens: econômica, pois o número de pessoas a ser entrevistadas é menor; maior acuidade dos resultados e maior velocidade na coleta dos dados (Cooper e Schindler, 2003).

O tamanho da amostra em pesquisa quantitativa é calculado geralmente com o auxílio de estatísticos e será considerada boa e adequada quando retratar bem as características da população que representa. A sua validade dependerá de alguns fatores: acuidade, precisão, proporção e tamanho da população a ser estudada, a prevalência da hipótese nessa população (o número de vezes que a hipótese acontece na população), o número de variáveis (heterogeneidade) que estarão relacionadas com a hipótese estudada e o nível de confiança que se deseja.

Etapa 4: trabalho de campo ou coleta de dados

Existem vários métodos de coleta de dados em campo. Entre eles o questionário e os instrumentos mecânicos, que destacamos a seguir.

Questionário

O desenvolvimento de um questionário de pesquisa, por ser altamente técnico, deve ser feito por um especialista. Se você, leitor, necessitar elaborar um questionário para uma pesquisa simples, procure testá-lo antes, valendo-se para tanto de um pequeno grupo de pessoas, a fim de verificar se as questões estão claras, compreensíveis e se fornecem as informações desejadas. Grande parte dos erros nos resultados de pesquisas tem origem em questionários mal elaborados e perguntas mal formuladas.

O questionário é um instrumento muito utilizado e consiste na formulação de perguntas aos entrevistados, as quais devem ser muito bem preparadas, respeitando-se a linguagem, que deve ser de fácil compreensão e as características do público a ser entrevistado. As perguntas podem ser:

- fechadas ou diretas, nas quais o entrevistado responde exatamente o que o pesquisador deseja saber, de maneira rápida e objetiva. São usadas quando se deseja saber a porcentagem de pessoas que agem de determinado modo;
- abertas ou espontâneas, nas quais o entrevistado tem liberdade de dizer o que pensa ou deseja. Esta última forma, apesar de mais trabalhosa, é mais reveladora e surpreendente, sendo

mais utilizada para saber como as pessoas pensam ou reagem a certo estímulo;

- duplas, incluindo perguntas fechadas e abertas.

Instrumentos mecânicos

São usados quando se deseja conhecer o comportamento de pessoas ou do ambiente. Roletas eletrônicas na entrada de um hospital ou em determinados setores deste são úteis para saber quantas pessoas acessam aquele local por dia. Câmeras de vídeo podem ser instaladas na recepção de uma clínica para estudar o comportamento dos clientes no momento do atendimento. O controle de frequência de compra, saída e entrada de produtos, utilizando códigos de barras, muito usado em farmácias, é outro exemplo.

A coleta de dados poderá ser feita com o envolvimento de pesquisadores de campo, por telefone, internet ou pelo correio. Além disso, uma das maneiras mais confiáveis, práticas e baratas de se conseguir informações, principalmente sobre o que deseja o cliente e como se comporta a concorrência, é utilizar os próprios funcionários. As pessoas que trabalham diretamente com os clientes recebem, diariamente, um grande número de sugestões e também de reclamações, ambas extremamente úteis. É muito importante treinar e estimular esses funcionários, bem como estabelecer os caminhos para que essas informações cheguem ao setor de marketing e possam ser avaliadas. Por outro lado, cabe à organização, após a análise e interpretação, traçar estratégias de marketing operacional, visando melhorias nos produtos e serviços oferecidos.

Em um consultório, clínica ou hospital, as secretárias ou atendentes podem ser os "olhos e ouvidos" da organização, na medida em que estabelecem o contato direto com o cliente ou paciente, sendo, muitas vezes, o ponto de referência para elogios e sugestões de melhoria, e, eventualmente, para críticas.

Podem-se utilizar diferentes métodos de coleta de dados em uma pesquisa, divididos em dados primários e secundários. Os dados primários são aqueles gerados com a finalidade específica de solucionar o problema analisado; são mais elaborados e por isso o processo é mais dispendioso e lento. Quando um laboratório farmacêutico reúne alguns consumidores para discutir a nova embalagem de um produto, e grava todas as conversas, está coletando dados primários para análise.

Os dados primários são aqueles obtidos por meio de:

- experimentos — têm muito valor científico por buscar as causas e efeitos do problema a ser estudado na população, possibilitando verificação e comprovação real do fato pesquisado;
- estudos observacionais — coleta de dados resultante da observação, e não da verificação, dos aspectos a serem estudados na população. Os métodos de pesquisa por observação mais usados no Brasil são: auditoria de estoques, painel de consumidores, pesquisa sobre hábitos de consumo, pesquisa sobre trânsito em lojas (farmácias), pesquisa sobre audiência de veículos de comunicação, pesquisa de opinião, discussões em grupo (*focus group*);
- levantamento por entrevistas e questionários — é um dos métodos mais utilizados, sendo feito de forma qualitativa ou quantitativa, por meio de entrevistas pessoais ou por telefone, e questionários enviados por internet ou correio.

Os dados secundários são aqueles que já foram coletados para outros objetivos que não os do problema analisado, por isso são de mais fácil obtenção e mais baratos, além de demandarem menos tempo para a busca das informações. Exemplo: as estatísticas publicadas pela ANS sobre a participação de mercado das operadoras de saúde; uma reportagem publicada por jornal ou revista na qual executivos e empresários revelam dados sobre a sua empresa, sua participação de mercado e previsão de crescimento. Eles podem ser internos ou externos.

- Dados internos. Referem-se à busca de fontes provenientes de dentro da empresa, como as disponíveis no banco de dados.
- Dados externos. Referem-se àqueles publicados pelos órgãos do governo (IBGE, Anvisa, ANS), organizações não governamentais, empresas especializadas em pesquisa, livros, revistas, jornais e internet.

Etapa 5: tratamento e análise dos dados

Após a obtenção de todos os dados referentes às respostas dos pesquisados, é necessária a verificação dos mesmos para posterior edição e transformação em informações. De posse das informações, é hora de analisá-las, de forma crítica, para que se obtenham as respostas aos problemas de marketing previamente definidos.

Etapa 6 — apresentação do relatório final

A apresentação e a análise dos resultados variam conforme o tipo de pesquisa realizada. Geralmente, procuramos agrupar os dados em tabelas. Os comentários são feitos no início, no fim ou entre várias tabelas, se for preciso relacionar as informações que contêm. A apresentação final da pesquisa deverá ser feita de forma clara e objetiva, para que todos os interessados possam acessar e interpretar seus resultados.

A pesquisa qualitativa

A pesquisa qualitativa é uma metodologia não estruturada, baseada em pequenas amostras, a fim de proporcionar *insights* e uma compreensão de contexto de um problema de marketing, não se preocupando com representatividade numérica, estatística ou a prova dos fatos. Esse tipo de pesquisa também é usado para identificar a extensão total de respostas ou opiniões que existem em um mercado ou população. A pesquisa qualitativa ajuda a identificar questões e entender por que elas são importantes. Pode ainda revelar áreas de consenso, tanto positivo quanto negativo, nos padrões de respostas. Ela também informa quais ideias geram uma forte reação emocional. Além disso, é especialmente útil em situações que envolvem o desenvolvimento e aperfeiçoamento de novas ideias (Kotler e Keller, 2006). Muitas vezes servem de base para a formulação da pesquisa quantitativa. A pesquisa qualitativa procura descobrir o que o consumidor tem em mente. Mas, você estará se perguntando, como fazer uma pesquisa qualitativa?

A observação dos participantes é o ponto principal. O pesquisador analisa as situações, podendo comparar e interpretar as respostas dadas em diferentes momentos e situações. Os dados são coletados de forma descritiva, em situação natural e complementados pela informação que se obtém por meio do contato direto com os pesquisados (opiniões, descrições, sensações, julgamentos, atitudes, expressões faciais, gestos, entre outros). A pesquisa qualitativa pode ser feita individualmente ou em grupos de discussão (7 a 10 consumidores, se possível de perfis diferentes, oriundos do universo a ser pesquisado). Em ambos os casos, o entrevistador deve ter experiência para extrair o máximo de informações, além de proporcionar interação com os entrevistados, estimulando-os nos tópicos desejados. É feita em sala própria, com transmissão via circuito interno de áudio e vídeo, ou em sala de espelho, especialmente preparada para esse fim, onde outros observadores podem acompanhar as atividades, sem interferir.

A pesquisa qualitativa tem sido muito empregada em marketing. Deve-se apenas ter o cuidado de aplicá-la de forma correta e interpretar seus resultados como percepções e dicas importantes para nortear novas pesquisas.

Veja a seguir um exemplo de entrevista individual:

Entrevistador: O que você acha da clínica Unimagem?

Entrevistado: Ah, acho bom!

Entrevistador: Bom como?

Entrevistado: O atendimento é bom.

Entrevistador: Em que aspectos você acha que o atendimento é bom?

Entrevistado: Ah, porque as atendentes são muito simpáticas, cordiais e educadas.

(Veja, leitor, acabamos de obter uma informação! Continuemos nossa entrevista.)

Entrevistador: Então você acha que o bom atendimento é generalizado na Unimagem?

Entrevistado: Não, achei que o médico foi muito frio e insensível ao meu problema!

(Aí está outra informação!)

Entrevistador: E quanto às instalações físicas da clínica?

Entrevistado: Mais ou menos.

Entrevistador: Como?

Entrevistado: Acho que a aparência das atendentes não é legal.

(E aqui temos uma terceira informação!)

A pesquisa quantitativa

A pesquisa quantitativa utiliza técnicas e análises estatísticas, gerando medidas precisas e confiáveis. Tal metodologia tem a vantagem de reduzir a possibilidade de viés (erro) estatístico. Por meio de questionários, é possível descobrir quantas pessoas de uma determinada população comungam uma determinada característica. A amostra deve ser grande o suficiente para possibilitar uma análise estatística confiável.

A pesquisa quantitativa é apropriada para medir tanto opiniões, atitudes e preferências, quanto comportamentos. É aplicada para saber quantas pessoas usam um produto ou serviço, ou quantas têm interesse em um novo conceito de produto. Ela também é usada para medir um mercado e seus segmentos e estimar o potencial ou volume de um negócio, entre outras aplicações.

Veja a seguir alguns exemplos de perguntas fechadas que podem ser utilizadas em pesquisa de marketing.

- Uma pergunta com apenas duas respostas possíveis.

  Quando necessita de uma consulta médica, você liga pessoalmente para agendar esta consulta? __Sim __Não
- Perguntas de múltipla escolha.

  Com quem, habitualmente, você vai ao médico?
  __ Sozinho
  __ Com a esposa ou marido
  __ Com o filho ou filha
  __ Com a mãe ou pai
  Outros ________________
- Afirmação que pode ser concordante ou discordante.
  O local do consultório é o principal fator de escolha de um médico.
  __ Concordo   __ Discordo   __ Não sei
- Afirmação na qual o entrevistado seleciona o ponto que representa sua opinião.
  Como você percebe as dependências do consultório?
  Espaçoso __ __ __ __ __ Pouco espaço
  Moderno __ __ __ __ __ Antiquado
  Confortável __ __ __ __ __ Desconfortável

- Escala de importância de determinado atributo.
  O cumprimento do horário pelo médico, sem atrasos, é um fator importante?
  __ Extremamente __ Muito __ Pouco __ Nada
- Escala de classificação de "excelente a ruim".
  Para você, o atendimento prestado pela enfermagem é:
  __ Excelente __ Muito bom __ Bom __ Regular __ Ruim
- Escala de intenção de compra.
  Se o seu médico disponibilizasse horários noturnos de atendimento, você os utilizaria?
  __ Certamente __ Provavelmente __ Às vezes __ Raramente
  __ Nunca

As formas de classificar uma pesquisa (qualitativa ou quantitativa), ou os dados (primários ou secundários), não são mais ou menos importantes, nem estanques, nem excludentes. Existem pesquisas para obter, ao mesmo tempo, diversos tipos de informação.

Veja a seguir as diferentes modalidades, com os respectivos exemplos, considerando-se que a organização seja uma operadora de saúde.

Pesquisa qualitativa de dados primários. Pode ser efetuada por meio de uma discussão em grupo, reunindo usuários habituais de um determinado serviço de saúde, como exames laboratoriais, para ouvir suas opiniões e preferências na escolha de organizações, horários ou métodos de coleta.

Pesquisa qualitativa de dados secundários. Pode ser feita uma seleção de notícias, ou artigos, publicados pela imprensa, contendo as opiniões dos jornalistas e demais públicos de interesse sobre a localização, instalações ou corpo clínico de uma organização de saúde.

Pesquisa quantitativa de dados primários. Pode-se fazer um estudo para verificar quantos pacientes são homens, quantos são mulheres, a classificação etária, a incidência de casos de uma enfermidade numa determinada região ou época do ano.

Pesquisa quantitativa de dados secundários. Pode-se levantar, na ANS, no IBGE, no Ipea, os dados sobre o tamanho do mercado, bem como a participação relativa dos concorrentes. Pode-se também pesquisar índices de crescimento setorial, de evolução da taxa de mortalidade infantil, de incidência de enfermidades, entre outros aspectos.

Comportamento do consumidor

No dia a dia, deparamos com situações nas quais os clientes escolhem entre comprar conosco ou com os nossos competidores. Por motivos que temos dificuldades para entender, o cliente decide comprar de uma empresa em detrimento de várias outras cujas ofertas são muito similares. O que o leva a escolher uma entre duas ofertas aparentemente semelhantes? Por que ele decide comprar conosco? Vamos procurar entender o comportamento do consumidor?

Segundo Solomon (2002:24), o estudo do comportamento do consumidor trata "dos processos envolvidos quando indivíduos ou grupos selecionam, compram, usam ou dispõem de produtos, serviços, ideias ou experiências para satisfazer necessidades ou desejos". É portanto um processo de tomada de decisão.

De acordo com Schiffman e Kanuk (2000), existem dois tipos de consumidores: os que compram para uso próprio e os que compram para uma organização. Em determinado momento da sua vida você pode contratar um plano de saúde para você e sua família. Em outra oportunidade você pode avaliar propostas para contratar um plano que atenda a todo o corpo funcional de uma empresa. Nas duas situações você estará desempenhando papéis diferentes, como será visto no decorrer deste capítulo.

Como consumidor você estará recebendo informações diretas e indiretas, tanto das ações de marketing das empresas quanto de aspectos macroambientais, sobre os quais as empresas não têm controle, como você já sabe.

As ações de marketing são desenvolvidas a partir de quatro variáveis controláveis: produto, preço, praça e promoção, como será visto no capítulo 6. Já do ponto de vista macroambiental devemos considerar os fatores culturais, sociais, econômicos, político-legais e tecnológicos, que não controlamos.

Fatores culturais

Adolescentes e adultos costumam ter diferentes interesses, comportamentos, vocabulário e hábitos de consumo. A idade, a renda, o nível de escolaridade e os ambientes que frequentam são aspectos que, em parte, definem essas diferenças. Tomemos um grande grupo formado por dois subgrupos: um no qual as pessoas têm ascendência latina e outro cujas pessoas têm ascendência anglo-saxônica. Cada subgrupo reagirá de maneira diferente aos estímulos do ambiente. Os latinos são, de maneira geral, mais impulsivos, emocionais. Os anglo-saxões são mais contidos, analíticos. Esses diferentes comportamentos derivam do ambiente cultural no qual viveram ou vivem. Paulistas consideram bons os serviços prestados com rapidez e cortesia. Cariocas preferem a informalidade e uma maior interação entre o cliente e o prestador do serviço. Os seguidores da religião Testemunhas de Jeová têm, como ponto importante em sua doutrina, não receber transfusão sanguínea. Os hospitais precisam estar preparados para lidar com esse tipo de paciente. Uma clínica odontológica especializada em estética e ortodontia deve buscar se instalar em um bairro da cidade no qual os consumidores percebam a necessidade do serviço a ser oferecido. Além disso, as instalações, a decoração e a secretaria devem estar adequadas a esse público-alvo. Do mesmo modo, um hospital público deve estar em locais de grande demanda pelo serviço de saúde gratuito (bairros de periferia) e deve estar preparado para atender às patologias específicas de cada região (clínica geral, pediatria e ginecologia em postos de saúde e setor de politraumatizados no pronto-socorro central). Nossa oferta deverá, portanto, ser diferenciada para cada grupo.

Vários outros exemplos que demonstram a importância dos aspectos culturais nos hábitos de consumo podem ser citados. No Rio Grande do Sul, o mate é bebida indispensável para aproximar pessoas. Na Bahia, o acarajé no fim da tarde viabiliza novas amizades. Em Recife, o frevo revela as grandes paixões. Em Aracaju, o caranguejo acompanha as conversas divertidas. Por questões culturais, o acarajé, tão caro ao baiano, pode ser dispensado pelo gaúcho. Já o mate é mais apreciado em Porto Alegre que em Salvador. O carioca gosta de mate, mas não se pode imaginá-lo, em curto prazo, transportando o material necessário à preparação de um bom chimarrão quente. Prefere consumi-lo processado industrialmente, embalado e gelado! Da mesma forma não se imagina que o frevo possa se tornar o estilo de música mais executado em Blumenau ou em Joinville nos próximos anos.

Fatores sociais

A vida moderna nos leva a tomar parte de diferentes grupos sociais. Geralmente temos interesse em continuar participando dos grupos atuais, bem como de ingressar em novos. Para que isso aconteça é preciso que haja sinergia. Ou seja, temos que estar inseridos no contexto de cada um dos grupos. Por exemplo, toda vez que um novo funcionário é contratado, e começa a trabalhar em uma organização, é normal que os novos colegas notem diferenças na maneira como ele (ou ela) se veste, se comporta e fala. Passado algum tempo, essas diferenças deixam de ser evidentes.

Você sabe dizer por quê? O motivo é que o novo participante se esforça para que sua inserção no grupo seja natural. Para tanto procura moldar-se a ele, ficar parecido com os colegas. E assume alguns hábitos de consumo semelhantes aos deles.

Pense em uma academia de ginástica. É comum o ingresso de novos alunos e alunas. Alguns parecem ser bem diferentes. Em pouco tempo esses novos alunos estarão usando itens consumidos pelos demais frequentadores da academia, pois querem fazer parte do grupo. Geralmente aqueles que não adotam comportamentos próximos aos do grupo deixam de participar dele em pouco tempo. Esse é inclusive um detalhe a ser observado no dia a dia. Pessoas resistentes a aderir ao padrão do grupo geralmente não têm interesse em dele participar.

Lembre-se dos seus encontros com colegas do ensino médio ou de faculdade. Com alguns você só conversa de ano em ano. Durante os encontros o comportamento dos colegas remete ao passado? As brincadeiras e piadas são mais ou menos as mesmas de sempre? As pessoas estão, em sua maioria, vestidas dentro do mesmo padrão? Você já parou para pensar o porquê disso? A resposta é simples: buscamos adotar um comportamento que sabemos, por experiência, que será aprovado. Consequentemente, vamos consumir de acordo com aquele grupo. Quanto menor o grupo, maior o poder de influência que ele exercerá sobre nosso comportamento de consumo. Os grupos menores, e com os quais temos contato frequente, são chamados de grupos de referência. Entre eles, o mais importante, do ponto de vista de estudo do comportamento do consumidor, é a família. Veja, a seguir, como são classificados.

- Grupos primários: núcleo familiar, parentes, amigos, colegas de trabalho, vizinhos.
- Grupos secundários: clubes de lazer, clubes de serviço, academias de ginástica, organizações religiosas e de classe.

- Grupos formais: com estrutura definida para fins específicos, tais como organizações de eventos tipo congressos, jornadas, partidos políticos.
- Grupos informais: comemorações de formandos, encontros de ex-companheiros de viagem.

Principalmente quando se fala em saúde, a família tem grande influência no processo de decisão de compra. Muitas vezes um paciente procura um determinado profissional de saúde porque alguém de sua família, ou amigo, ou vizinho, o indicou. Dessa maneira, interfere diretamente na decisão a ser tomada. Ressalte-se que tem sido crescente a participação da mulher, e também das crianças, nas decisões de compra de toda a família.

Muitos, ainda, decidem por um produto ou serviço seguindo líderes de opinião. Em ciências médicas isso é bastante comum, na medida em que um determinado tratamento ou técnica cirúrgica é amplamente adotado somente após ter sido demonstrado ou apresentado por profissional de reconhecida credibilidade científica.

Dentro de cada um dos grupos de referência as pessoas desempenham diferentes papéis, dependendo do momento. Veja a seguir as possibilidades.

- *Iniciador*: chama a atenção para uma necessidade não atendida.
- *Influenciador:* informa como atendê-la.
- *Decisor:* escolhe a alternativa que será usada para atender à necessidade.
- *Comprador:* compra o produto ou serviço.
- *Consumidor*: usuário.
- *Avaliador:* quem avalia o desempenho do produto ou serviço na satisfação da necessidade.

Quer ver um exemplo de como estes papéis são exercidos? Suponha que um adolescente, em Vitória, verifique que está precisando consultar um oftalmologista, pois está com dificuldade de leitura. Ao conversar com os pais sobre o assunto, ele atua como iniciador da compra. A mãe, sempre bem informada sobre tudo que diz respeito à família, cita um excelente profissional que acaba de voltar de um período de especialização em Belo Horizonte, mas que só atende a consultas particulares. Ao indicar o profissional, a mãe estará atuando como influenciadora. O pai pondera e decide que a saúde visual do filho merece o melhor tratamento disponível. Autoriza o filho a consultar o profissional indicado. Atuou como decisor. A mãe marca a consulta e acompanha o filho, fazendo o pagamento antecipado. Ela foi, nesse momento, a compradora. O filho submete-se a todos os exames, atuando no papel de consumidor. Posteriormente, pai, mãe e filho vão avaliar o atendimento recebido, o diagnóstico, bem como a viabilidade e o interesse em prosseguir o tratamento com o mesmo profissional. Atuarão conjuntamente como avaliadores, dando início a um novo processo.

Fatores psicológicos

Motivação, percepção, crenças, atitudes, personalidade e aprendizagem variam muito dentro de um mesmo grupo. São fatores psicológicos individuais que têm reflexo direto no comportamento de consumo. Entenda melhor cada um deles.

Motivação

O que faz a pessoa desenvolver uma atividade com garra? O que nos estimula a perseguir determinados objetivos? O que nos leva a consumir? Pinheiro e coautores (2004:24) ensinam que motivação é "um estado de tensão psicológica que antecede e prepara o indivíduo para a ação".

No marketing de serviços aplica-se frequentemente a teoria de dois fatores desenvolvida por Frederick Herzberg (apud Kotler e Keller, 2006:184). Essa teoria defende que existem dois elementos essenciais no processo de decisão de compra: os *insatisfatores*, que causam insatisfação e impedem ou postergam a compra, e os *satisfatores*, que devem ser claramente desenvolvidos para que possam motivar a compra. A ausência dos insatisfatores não é suficiente para que a compra ocorra. Um profissional de saúde que tenha o hábito de não respeitar os horários de atendimento sentirá, cada vez mais, queda na demanda devido à insatisfação dos pacientes com relação a esse aspecto. Entretanto, manter a pontualidade na agenda de atendimentos, por si só, não garante que a procura por seus serviços será elevada, pois esse aspecto já é esperado. A teoria vale também para produtos. Tomemos como exemplo um dentista que, ao pesquisar o mercado para comprar um equipo, depara-se com um que não oferece garantia. Este é um elemento insatisfator, impeditivo ou postergante da compra. Mas os outros fornecedores de equipos precisarão oferecer a garantia, bem como elementos satisfatores, tais como durabilidade e facilidade de uso.

É importante também conhecer a teoria humanista, que busca explicar por que os indivíduos são motivados por diferentes necessidades a cada momento. Abraham Maslow estudou o assunto e concluiu, desenvolvendo uma teoria aceita mundialmente, que as necessidades humanas apresentam-se hierarquizadas por grau de importância. Maslow definiu-as como necessidades fisiológicas, de segurança, necessidades sociais, de estima e de autorrealização. Para Maslow, saúde é mais que a ausência de doenças. A manutenção da saúde enquadra-se como uma necessidade fisiológica. Um paciente com dor aguda (necessidade fisiológica) não tem interesse em assistir a aulas (autorrealização). Resolvida essa necessidade fisiológica, o paciente em questão procurará atender às suas necessidades de segurança, eventualmente contratando um plano de saúde. A próxima etapa, dentro da teoria de Maslow, o levará a buscar atender às suas necessidades sociais, o que poderá ser feito por meio da participação em grupos de controle de peso, de promoção de vida saudável, de caminhadas, de escaladas, entre outros. Avançando na teoria, o paciente buscará atender às suas necessidades de estima, atuando no sentido de liderar, ou se destacar dentro de um desses grupos. Como última etapa da teoria ele buscará a autorrealização, por exemplo, por meio do aprofundamento do conhecimento, desenvolvendo assim suas potencialidades. A teoria de Maslow é extremamente útil ao marketing por indicar o tipo de produto ou serviço que melhor se adequa ao momento vivenciado pelo paciente.

Percepção

Costumamos dizer que para qualquer situação existem sempre vários pontos de vista. Na realidade, há várias percepções. E as pessoas agem a partir das percepções que têm da realidade, que é única. As percepções são formadas a partir de estímulos físicos e do ambiente conjugados com fatores pessoais. Assim sendo, ao ser atendido em um consultório por um cardiologista que fala pouco, baixo, e não olha o paciente nos olhos, uma pessoa pode percebê-lo como muito competente por falar só o essencial, de maneira introspectiva e focado nos laudos dos exames. Outra pessoa, pelos mesmos motivos, pode percebê-lo como inseguro e pouco experiente.

A percepção pode ser estabelecida a partir de três processos:

- *atenção seletiva* — a maioria dos estímulos é filtrada. Assim sendo, é preciso passar no filtro e atrair a atenção. Pessoas interessadas em fazer clareamento de dentes, ou que já o fizeram, passam a observar esse aspecto com mais atenção. O mesmo podemos dizer de quem quer fazer, ou já fez, implante capilar;

- *distorção seletiva* — é o processo pelo qual as informações recebidas por qualquer um de nós são interpretadas, transformadas e adaptadas ao nosso prejulgamento. O fenômeno é incontrolável do ponto de vista do marketing. Ainda usando o exemplo do paciente interessado em submeter-se ao processo de clareamento de dentes, ao ouvir os prós e contras do procedimento tenderá a focar apenas nos aspectos positivos;
- *retenção seletiva* — as pessoas tendem a reter informações que reforçam ou confirmam suas crenças. Explorando ainda o exemplo anterior, um paciente que tenha decidido submeter-se ao processo de clareamento de dentes utilizando uma das alternativas técnicas existentes tenderá a optar por aquela alternativa, não considerando as informações positivas que possam ser apresentadas sobre as demais.

Aprendizagem

O processo de aprendizagem ocorre por meio do conhecimento e da experiência e resulta em mudanças no comportamento. Essa aprendizagem pode se dar por meio da leitura e de conversas, palestras, filmes, música e outros. Nesses casos é classificada como sendo aprendizagem cognitiva. Ela também pode acontecer por associação. Esse tipo de aprendizagem é conhecido como condicionamento clássico. Paralelamente, há o condicionamento instrumental, em que as reações são motivadas por compensações. Por fim, existe a aprendizagem por modelagem, em que a observação é a fonte das mudanças comportamentais.

Quando um paciente utiliza os serviços de uma organização ou de um profissional de saúde, e fica satisfeito, esse fato produz uma informação de memória e toda vez que ele precisar do mesmo tipo de serviço, recorrerá àquele fornecedor. De certo modo, portanto, o processo de aprendizagem é um determinante da fidelização. Verifica-se, assim, a importância de prestar um bom atendimento logo na primeira interação, pois, possivelmente, isso vai gerar um processo de aprendizagem e fidelizar o cliente ao profissional de saúde.

Crenças e atitudes

Todos sabemos o que é uma crença. Acredita-se em algo sem perguntar por quê. É o caso das crenças religiosas, que por isso não devem ser discutidas. Pela experiência e, portanto, pela aprendizagem, as pessoas adquirem crenças que influenciam o comportamento de compra. Durante muito tempo se acreditou que remédios para limpeza de ferimentos deveriam arder, ou não estariam cumprindo sua função. Essa crença mudou. Mas, enquanto as pessoas pensaram dessa maneira, foi difícil vender produtos para escoriações que não ardessem. Da mesma forma, boa parte da população leiga acredita que creme dental deve deixar uma sensação de frescor na boca para que a limpeza tenha sido efetuada. Pastas sem sabor agradável, e que não deixam a dita sensação de limpeza, enfrentam maior resistência por parte dos consumidores. Para termos sucesso devemos, na medida do possível, respeitar as crenças dos nossos clientes. Mas devemos também estar lembrados de que elas mudam com o passar do tempo. Não vale a pena, entretanto, investir esforços para realizar uma mudança. Devemos aproveitá-la, quando ocorrer.

As atitudes, favoráveis ou não, derivam de avaliações, sentimentos e tendências de ação. Elas aproximam ou afastam as pessoas de produtos e serviços. E, geralmente, guardam coerência entre si. A partir delas podemos fazer previsões sobre comportamentos futuros. Pessoas que têm atitude positiva com relação à saúde provavelmente terão interesse em acompanhar seu próprio desempenho fazendo exames regulares, comparecendo a consultas de rotina revisional, contratando planos de saúde diferenciados.

O processo da decisão de compra

As decisões de compra são complexas. Algumas vezes são tomadas individualmente, outras de forma coletiva. Uma mulher pode decidir por qual cirurgião plástico será operada. Dois ou mais filhos podem decidir qual o geriatra que atenderá seu pai. Assim sendo, torna-se importante considerar os papéis desempenhados pelos envolvidos. Lembra-se de todos? São eles: iniciador, influenciador, decisor, comprador, consumidor e avaliador. Os papéis podem ser exercidos por uma única pessoa ou por várias. De qualquer forma, cinco etapas serão cumpridas: o reconhecimento do problema, a busca de informações, a avaliação das alternativas, a decisão de compra e o comportamento pós-compra. Vamos entender cada uma delas?

Reconhecimento do problema

Sempre que uma necessidade, ou desejo, é detectada, ela está sendo reconhecida. A princípio, as necessidades são fisiológicas, como alimentar-se, proteger-se do frio, entre outras. São estímulos internos que, ao chegarem ao nível do consciente, se transformam em impulsos. Já os desejos são estímulos externos que nos levam a querer adquirir uma roupa, um carro ou até mesmo fazer um tratamento dermatológico ou uma cirurgia plástica.

Busca de informações

Para resolver o problema, seja ele uma necessidade ou um desejo, o consumidor precisa avaliar as alternativas disponíveis. Para tanto, busca informações. Kotler e Keller (2006) indicam que existem dois níveis de interesse. No primeiro, a busca é moderada e classificada como sendo de atenção elevada. Aqui, o interessado é mais receptivo a informações sobre o produto ou serviço. No segundo, a pesquisa é mais profunda, sendo classificada como busca ativa de informações. Aqui, o consumidor procura informações dentro da sua rede de relacionamento, na internet, em lojas e na literatura.

As fontes de informação, por sua vez, podem ser classificadas como pessoais (família, amigos, colegas de trabalho), comerciais (propaganda, vendedores, representantes), públicas (internet, jornais e revistas, institutos de pesquisa) e experimentais (utilização, manuseio, exame). As diferentes fontes de informação desempenham diferentes funções no processo de compra. As fontes pessoais e as públicas são legitimadoras e avaliadoras. As comerciais desempenham função informativa. As fontes experimentais constroem conhecimento sobre o produto ou serviço. No setor de saúde é normal que os profissionais tomem conhecimento sobre novas tecnologias, novas drogas e novos procedimentos a partir de fontes comerciais e eventos científicos. Mas é comum procurarem colegas que possam avalizar e legitimar as novidades.

Avaliação das alternativas

No momento em que se sente apto a escolher, o consumidor julga cada produto ou serviço. São considerados os atributos apresentados, bem como sua capacidade de entregar benefícios, sempre com o foco no atendimento às necessidades que desencadearam o processo. Esse julgamento reflete também as crenças e atitudes do comprador com relação ao produto ou serviço. Essa etapa da decisão de compra envolve um conjunto complexo de opções objetivas e subjetivas. Uma parturiente, ao decidir a maternidade na qual terá seu filho, poderá se valer de critérios subjetivos como a imagem da organização e o *status* que ela poderá transferir. Paralelamente, poderá adotar critérios objetivos tais como verificar se a maternidade é credenciada pelo seu plano de saúde, a proximidade da sua residência e o seu corpo clínico.

Decisão de compra

Mesmo quando já identificadas as alternativas, a compra não se dá de imediato. Há duas etapas a cumprir. A primeira é a fase de intenção de compra. Nela, o consumidor decide entre as alternativas disponíveis, levando em consideração a marca da instituição ou reputação do profissional de saúde prestador do serviço, a ocasião e a forma de pagamento. Outros dois fatores importantes nessa fase são a atitude dos outros, com relação ao produto ou serviço em questão, e a motivação do consumidor para aceitar palpites de terceiros. Quanto mais forte for a atitude positiva ou negativa de terceiros e quanto maior a propensão do comprador em considerar opiniões alheias, maior a importância desses fatores. Em saúde, as opiniões dos profissionais do setor normalmente têm força de decisão. Na segunda fase a compra é realizada.

O comportamento pós-compra

A satisfação do cliente, com um produto ou serviço, é função direta do atendimento às suas expectativas com relação ao desempenho esperado. Quanto maior a sintonia entre o esperado e o alcançado, maior a satisfação. Vale salientar que as expectativas são formadas a partir das necessidades pessoais e das informações recebidas das diversas fontes. O grau de satisfação levará o cliente a ações que podem ir desde a fidelidade, a defesa da marca e a indução de outras pessoas à compra, até a devolução do produto e a comunicação da sua insatisfação para outras pessoas ou grupos de interesse. A internet permite que ações positivas, ou negativas, dos clientes assumam proporções incontroláveis e inadministráveis. Por isso, vale a pena monitorar a satisfação pós-compra.

Além de conhecer as cinco etapas do processo de compra, é importante também conhecer como se dá a compra. Ela pode ser por conveniência, comparação ou especialidade.

A partir dessa informação, como você classificaria a oferta de uma organização? Como os clientes compram seus produtos ou serviços? Veja a seguir as diferenças.

A compra por conveniência é aquela que se dá quando o cliente não está procurando uma oferta específica. As farmácias geralmente são escolhidas por conveniência. As clínicas de bairro, aquelas que se colocam como a escolha ideal para quem mora nas redondezas e quer atendimento imediato, bem como os prontos-atendimentos, são outros bons exemplos. A escolha do consumidor é motivada pela proximidade de casa ou do trabalho.

Na compra comparada, ou por comparação, há uma análise de fatores, como marca (ou reputação), confiabilidade, segurança, nível de serviço, preço e condições de pagamento. É a modalidade de compra mais adotada por usuários do setor de saúde. Verifica-se que o contingente de clientes que compara antes de comprar é cada vez maior. Os laboratórios farmacêuticos levam em consideração esse fato. Ao precificarem seus produtos, avaliam o quanto a marca, e com ela a confiabilidade, permite cobrar. Sabem que a comparação poderá se dar no ponto de venda, desde que a opção tenha sido informada pelo prescritor. Verifica-se também a existência de clientes que, antes de se submeterem a cirurgias eletivas, por exemplo, peregrinam por alguns consultórios. E, sem dúvida, hospitais, clínicas e profissionais liberais verificam que a comparação favorável faz enorme diferença na demanda.

Já na compra por especialidade, o cliente sabe exatamente o que quer. Não se trata apenas da especialidade do prestador de serviço, mas da oferta geral que inclui instalações e equipamentos. Em se tratando de profissionais liberais, podemos citar a situação em que há a indicação precisa para que um determinado especialista seja procurado. Outras ofertas não serão analisadas. O cliente está procurando um cirurgião cardíaco, mas não está interessado em qualquer profissional da cardiologia. Busca um prestador de serviço que detenha um tipo específico de habilidade, da qual ele tomou conhecimento. Assim, o universo de opções fica restrito. Outro exemplo pode ser o de um laboratório de análises clínicas que tenha um equipamento diferenciado. O cliente, ao procurar os serviços do laboratório, estará buscando especificamente aquele equipamento.

Nunca é demais lembrar que clientes satisfeitos costumam repetir a compra e indicar a opção a amigos, familiares e conhecidos. Clientes fiéis são um ativo de alto valor para empresas e profissionais.

3

A elaboração de uma proposta de valor

A maioria das pessoas acredita que o consumidor de serviços de saúde está sempre em busca de preço baixo ou serviços públicos gratuitos. Mas a realidade é diferente. Os serviços que atraem o maior número de usuários são aqueles que, do ponto de vista dos clientes, entregam maior valor, independentemente de serem organizações públicas ou privadas. Para desenvolvermos uma oferta adequada, neste sentido, faz-se necessário segmentar o mercado, posicionar o produto ou serviço, e até mesmo desenvolver ações de marketing de relacionamento. Sempre trabalhando com o composto de marketing, ou marketing mix. Este capítulo vai ajudá-lo a refletir sobre esses temas.

Segmentação

A segmentação é a formação de grupos de pessoas físicas, ou jurídicas, cujas características são tão semelhantes que provavelmente suas necessidades e desejos também o serão. Você já desenvolveu alguma atividade em que a segmentação de mercado estivesse clara? Talvez você responda que ao escolher uma especialidade dentro do setor de saúde, de certa forma, segmentou o mercado. E é essa linha de pensamento que queremos seguir. Só que precisamos aprofundá-la para que a sua resposta fique totalmente correta.

Vamos partir de um exemplo familiar a todos: as festas. Podemos fazer uma festa convidando a família, amigos, colegas de trabalho, da faculdade, de cursos e da academia e o dono do restaurante que frequentamos. Um grande grupo com idades variando de 15 a 85 anos e interesses diversos. A festa será divertida. Mas poucos serão os participantes que vão considerá-la inesquecível. Por quê? Porque não há como agradar a tantos perfis diferentes ao mesmo tempo. As crianças, sabiamente, gostam de festas em que apenas sua faixa etária está representada. O mesmo se dá com os adolescentes. Qual o motivo?

Quando preparamos uma festa só para crianças, preocupamo-nos em oferecer tanto diversão quanto alimentação adequada. Por parte das crianças, algumas vezes, há interesse em convidar apenas colegas de escola, da comunidade residencial, do clube ou ainda só os primos e amigos destes. Inconscientemente, a criança sabe que cada grupo tem interesses distintos e que juntá-los pode não ser a melhor opção para diversão.

Já com os adolescentes, juntar grupos aparentemente diferentes pode dar bom resultado. Mas isso acontece porque existe um interesse comum a todos, que é conhecer novas pessoas. O foco do grupo está na possibilidade de desenvolver novos relacionamentos. Mesmo assim, quem convida o faz atentando para a compatibilidade entre os participantes. O perfil dos convidados vai definir a ambientação, o tipo de música e o que será servido. Verifique que é o perfil dos convidados que nos leva a decidir sobre como organizar a festa, e não o contrário. Quando tudo está alinhado, o sucesso é garantido.

Quando desenvolvemos uma oferta específica para um público-alvo bem definido, geralmente conseguimos um elevado nível de satisfação. Para que possamos definir o alvo é preciso primeiramente que conheçamos as opções de públicos de que dispomos.

Como saber que grupos podemos formar? Como garantir que os integrantes tenham características muito semelhantes? A segmentação é o caminho para obter essas respostas. A definição dos aspectos que serão usados na formação dos grupos é prerrogativa do profissional de marketing. Com a segmentação vamos definir corretamente a oferta, mas lembrando que tudo começa, como vimos, com a pesquisa de mercado e a identificação das necessidades e dos desejos dos clientes e pacientes.

Como então fazer uma segmentação?

Segundo Kotler e Keller (2006:236-7), o profissional de marketing deve identificar e traçar o perfil de grupos distintos de clientes que têm diferentes necessidades e desejos.

Madruga et al. (2006:87) afirmam que conhecer o comportamento passado dos clientes permite ao profissional de marketing prever o comportamento futuro, identificando lacunas e possibilitando o desenvolvimento de produtos e serviços customizados, assegurando, assim, vantagens competitivas em relação aos demais concorrentes.

Na mesma linha de raciocínio, vários autores defendem que a organização deve conhecer e entender seus clientes para poder buscar outros clientes com características similares. Você concorda que as três afirmações fazem sentido e se completam?

Para Kotler e Armstrong (1993:467), segmentação de mercado é "o processo de classificar os clientes em grupos com diferentes necessidades, características ou padrões de comportamento".

Mas, você deve estar se perguntando, será que as empresas realmente empregam essa ferramenta? Será que empresas pequenas e profissionais liberais da área da saúde também devem procurar adotar a prática da segmentação em seus mercados?

Hooley e Saunders (1996:214) respondem a essa questão afirmando que, com o auxílio dessa ferramenta, as empresas pequenas e, analogamente, profissionais liberais podem identificar lacunas no mercado, segmentos parcialmente atendidos ou até mesmo totalmente não atendidos. Podem, a partir da análise da segmentação, focar mercados para os quais tenham competência adequada, possibilitando-lhes desenvolver estratégias melhores de defesa e de ampliação do seu território de atuação. Podem ainda identificar segmentos em crescimento e investir neles antes que os concorrentes o façam. Essas ações poderão ser decisivas na construção de uma trajetória de sucesso.

Vários são os fatores que devem ser considerados quando se estuda um mercado. São eles: tamanho e taxa de crescimento, poder aquisitivo da população, intensidade competitiva e possibilidade de economia de escala. Os três primeiros são críticos na tomada de decisão. Os dois últimos são de enorme importância do ponto de vista estratégico.

Kotler (1996) indica que a segmentação deve buscar atender a seis objetivos simultaneamente: permitir o desenvolvimento de benefícios valorizados por um significativo número de possíveis clientes; indicar caminhos para que a empresa tenha um desempenho melhor que o dos concorrentes; prover ao cliente uma forma diferenciada de obter o benefício buscado; comunicar de maneira extremamente eficaz; definir um público-alvo disposto a pagar por determinado diferencial; rentabilizar a operação.

A definição de quem é o cliente

Uma das dificuldades encontradas no setor de saúde é, sem dúvida, a identificação do cliente. Será o usuário do serviço? Será o plano de saúde? No caso dos serviços de pediatria, será o pai, a mãe? E na geriatria? O próprio paciente? A família?

Lembra-se dos papéis exercidos pelos clientes definidos no capítulo anterior? A segmentação, portanto, deverá levar esses fatores em consideração.

Quanto mais fatores forem considerados, e mesclados, mais precisa será a segmentação e, portanto, mais claramente definido ficará o alvo. Por outro lado, o trabalho minucioso exigirá mais recursos financeiros, tecnológicos e humanos. Assim sendo, recomenda-se que a segmentação não avance além do ponto necessário para fornecer as respostas requeridas para o trabalho a ser desenvolvido. Você estaria pronto para segmentar o mercado no qual trabalha? Veja a seguir os critérios de segmentação mais utilizados.

Segmentação geográfica

Nesse tipo de segmentação, procura-se criar grupos homogêneos a partir de critérios como unidade territorial (bairros, cidades, estados, nações), porte da unidade territorial (número de habitantes, extensão territorial), densidade populacional e clima.

Segmentação demográfica

É o tipo de segmentação mais citado e, eventualmente, o mais usado também. Divide o mercado em grupos baseando-se em aspectos relativos à demografia, como idade, sexo, religião, nível de instrução, ocupação, renda, nacionalidade, entre outros.

Segmentação psicográfica

Esse tipo de segmentação ainda é pouco utilizado. As pessoas são classificadas em grupos com base no estilo de vida, na personalidade e nos valores que professam.

Segmentação comportamental

Nesse tipo de segmentação os clientes são classificados em grupos segundo seu conhecimento, sua atitude, sua frequência de uso do produto ou serviço e sua resposta a uma oferta específica. São ainda levados em consideração aspectos como ocasião de compra, *status* do usuário, benefícios, *status* de fidelidade, atitude com relação ao produto ou serviço.

Tomemos como exemplo o *status* de fidelidade. Adaptando as definições, mas mantendo as classificações do modelo de George H. Brown (1953, apud Kotler e Keller, 2006), temos:

- *fiéis convictos* — aqueles que sempre voltam;
- *fiéis divididos* — voltam, mas são paralelamente clientes de outras instituições similares;
- *fiéis inconstantes* — vivem em constante busca da oferta ideal. Por isso eventualmente voltam;
- *infiéis* — impossível prever seu comportamento.

Você conhece clientes com estes perfis? Entre os seus clientes, qual ou quais os perfis mais recorrentes?

Como escolher o segmento a atender? Três aspectos são determinantes na escolha:

- *atratividade do segmento* — definida pelo potencial de venda e de retorno sobre o investimento. Devem ser considerados o tamanho e o volume de recursos envolvidos, a taxa de crescimento, a taxa de risco intrínseca, possíveis sinergias com outras ofertas da empresa e a possibilidade de ganhos de escala;
- *objetivos da empresa* — segmentos escolhidos devem estar de acordo com os objetivos de curto, médio e longo prazo da empresa. A visão de futuro deve nortear a decisão;
- *recursos disponíveis* — a decisão deve evitar aventuras, avaliando bem os recursos financeiros, tecnológicos e humanos disponíveis, entre outros.

A seleção do mercado-alvo

O passo seguinte será a seleção do mercado-alvo. Abell (1980, apud Kotler e Keller 2006) indica cinco diferentes padrões a escolher. Todos eles são muito comuns no setor de saúde, praticados por profissionais e por instituições, como veremos nos exemplos a seguir. São eles:

- *concentração em um único segmento* — atuam tendo a ortopedia como especialidade e, dentro dela, voltados exclusivamente para problemas ou de ombro, ou de joelho, ou de coluna vertebral;
- *especialização seletiva* — definem sua atividade de maneira ampla pela especialidade médica escolhida. Ortopedia, endocrinologia, oftalmologia, geriatria, ortodontia seriam exemplos desse tipo de atuação mercadológica;
- *especialização por produto* — facilmente encontráveis, são os serviços de radiologia, diagnóstico por imagem, farmácias de manipulação;
- *especialização por mercado* — clínicos e clínicas gerais adotam essa forma de atuar, atendendo às várias necessidades de um grupo específico de clientes. Outro exemplo pode ser o de uma empresa que se especializa em oferecer produtos diversos para laboratórios de análises clínicas;
- *cobertura total de mercado* — normalmente são grandes instituições como hospitais gerais, prontos-socorros, entre outros, que atuam de forma ampla atendendo a várias e diferentes áreas da saúde.

É importante que o mercado-alvo a ser escolhido tenha massa crítica suficiente para sustentar as ações que vierem a ser desenvolvidas.

Monitoramento da segmentação

Com o esforço de segmentação, o que se pretende é trabalhar de maneira estruturada o mercado, desenvolvendo e ajustando a oferta às mudanças constantes das demandas. O paradoxo é que, ao atuarmos dessa forma, o mercado evolui e adota como padrão o que em determinado momento foi apresentado como diferencial. Os clientes tornam-se mais exigentes. Passam a valorizar outros aspectos do produto ou serviço.

Consequentemente faz-se necessário monitorar as mudanças no mercado e seus reflexos sobre a segmentação adotada, acompanhando constantemente os resultados obtidos, os clientes retidos e a participação de mercado da empresa ou do profissional.

Customização

A segmentação mais avançada nos leva a buscar atender às necessidades e desejos de cada cliente. A essa ação damos o nome de *customização*. É exatamente assim que se trabalha no atendimento em consultórios, clínicas e hospitais e no setor de saúde de maneira geral. O serviço é personalizado, uma vez que cada atendimento é único.

Posicionamento

Você, provavelmente, já participou de reuniões sobre posicionamento empresarial. O que se discutia nesses momentos? Será que o entendimento era correto? Vamos conhecer a teoria?

Existe uma crença generalizada, mesmo entre profissionais de marketing, de que o preço é o fator decisivo na compra. Como explicar, então, que alguns profissionais de saúde atendam apenas clientes particulares, dispensando os convênios? Hoje, a grande maioria das pessoas está associada a algum tipo de plano de saúde. O que faz com que essas pessoas decidam pagar consultas particulares? A resposta é o posicionamento dos profissionais.

Poderíamos fazer a mesma pergunta com relação a clínicas e hospitais. O que leva o mercado a diferenciar instituições? A resposta é a mesma.

O posicionamento é a maneira como a empresa, o produto ou serviço é percebido pelo mercado. Deve ser desenvolvido após a segmentação e a definição do público-alvo, procurando-se identificar o que é importante na decisão de compra do grupo escolhido. Os benefícios devem chamar a atenção do alvo. Assim, se o grupo que se quer atender deseja produtos ou serviços com tecnologia, este deverá ser o posicionamento desenvolvido. Caso o grupo tenha interesse em facilidade de uso, este será o aspecto a explorar. Mesmo que a tecnologia seja o fator determinante na facilidade de utilização, explorá-la como diferencial de posicionamento para o público em questão não despertará interesse.

Nenhuma empresa pode ser realmente vencedora se, na percepção do mercado, seus produtos ou serviços são muito semelhantes aos dos concorrentes. Os profissionais de marketing devem procurar desenvolver, para cada produto ou serviço, um posicionamento que o diferencie na mente do consumidor, facilitando a escolha por parte do comprador. Logo, o posicionamento deve ampliar o valor percebido do produto ou serviço, do ponto de vista do cliente. O posicionamento deve transmitir uma expectativa de desempenho que interesse ao alvo.

Outro aspecto importante a considerar é que deve-se procurar posicionamentos únicos no mercado, e não disputá-los com concorrentes, colocando-se como o que apresenta o melhor desempenho naquele aspecto. A organização pode desenvolver seu posicionamento oferecendo a melhor qualidade, a maior rapidez no atendimento, a maior confiabilidade nos resultados, a maior segurança nos procedimentos, o melhor custo/benefício, a maior facilidade de uso, o maior prestígio, entre outras alternativas. O que define a escolha é a sua competência essencial e seu diferencial. Kotler e Keller (2006:305) afirmam que posicionamento é a ação de projetar o produto e a imagem da empresa para ocupar um lugar diferenciado na mente do público-alvo.

Escolhido o posicionamento, parte-se para adequar o produto ou serviço, o preço, a distribuição e as promoções para que possam dar sustentação à estratégia.

Ao definirmos um posicionamento que atenda aos interesses do público-alvo, estamos buscando valorizar nossa oferta, do ponto de vista do cliente. Para que esse posicionamento seja sustentável, há necessidade de conhecermos a natureza e a estrutura do valor para o consumidor. Vamos abordar esse interessante tema a seguir.

O processo de criação de valor

Como vimos nos capítulos anteriores, a gestão de marketing busca atingir os objetivos da organização por meio do desenvolvimento de valor superior para seus públicos de interesse. Neste sentido, é necessário conhecer e entender o cliente de modo que o produto ou serviço esteja adequado e venda por si próprio. Sendo assim, em tempos de hipercompetição, criar valor e satisfação para o cliente deve ser o foco do profissional de marketing moderno.

Para Kotler e Keller (2006:34), "fazer marketing significa satisfazer as necessidades e os desejos dos clientes. O dever de qualquer negócio é fornecer valor ao cliente". Isso vale tanto para instituições públicas quanto para organizações privadas, uma vez que todas devem buscar a sustentabilidade. Ainda segundo os autores citados, "Em uma economia extremamente competitiva, com compradores cada vez mais racionais diante de uma abundância de opções, uma empresa só pode vencer ajustando o processo de entrega de valor e selecionando, proporcionando e comunicando um valor superior".

Já para Churchill (2000:10), marketing voltado para valor é uma filosofia empresarial que se concentra em desenvolver e entregar um valor superior para os clientes como modo de alcançar os objetivos da organização. Churchill diz ainda que existem seis princípios do marketing que formam a essência do valor.

Princípio do cliente. São as atividades de marketing que criam e fornecem valor para os clientes. Isso só é possível por meio da busca incessante que os profissionais de marketing devem ter no sentido de conhecer e entender o que os clientes pensam, sentem, necessitam, desejam; ou seja, todos os porquês racionais e/ou emocionais que levam os clientes a pagar pela satisfação de necessidades ou desejos. Uma das maneiras mais eficientes de criação de valor para os clientes é a construção de relacionamentos de longo prazo.

Princípio do concorrente. São ações que abrangem a construção de valor superior para os clientes, em relação às opções oferecidas pelos concorrentes. Neste caso, as organizações devem estar atentas às propostas oferecidas pelos concorrentes. A organização pode estar oferecendo um produto ou serviço que é valorizado pelo cliente, mas, ao mesmo tempo, os concorrentes também podem estar oferecendo um produto ou serviço semelhante, com algum tipo de diferenciação, tal como garantia estendida, entrega ou prestação do serviço de maneira mais conveniente, condições ou prazos de pagamento mais atraentes, melhor localização ou facilidades de estacionamento.

Princípio proativo. São as ações que buscam a antecipação diante das mudanças. Aqui vale o acompanhamento constante das rápidas transformações (tecnológicas, econômicas, legais, demográficas) que ocorrem nos ambientes interno e externo. Sendo assim, cabe ao profissional de marketing o monitoramento de tudo o que está acontecendo — os cenários, o setor e a sua organização — a fim de propor mudanças necessárias para que seu empreendimento esteja sempre atualizado.

Princípio interfuncional. É a utilização de equipes interfuncionais a fim de melhorar a eficiência das atividades de marketing. Não se pode entender o marketing como uma função de criação de valor isolada na organização. Sendo assim, o profissional de marketing deve buscar em outras áreas da organização — como logística, atendimento, hotelaria, corpo clínico e administrativo — suporte para a criação e desenvolvimento de novos produtos ou serviços.

Princípio da melhoria contínua. Ocorre por meio de iniciativas que visem ao constante aprimoramento das ações de planejamento, implementação e controle de marketing. As organizações voltadas para criação de valor reconhecem a necessidade e trabalham continuamente a fim de melhorar suas operações, processos, produtos, serviços e atendimento.

Princípio do stakeholder (indivíduos ou grupos que têm algum tipo de interesse na organização, podendo, portanto, influenciar ou sofrer influências). Está na atitude de considerar o impacto que suas atividades exercem sobre seus públicos de interesse (governo, fornecedores, distribuidores, colaboradores, financiadores, proprietários, clientes, além da comunidade). O profissional de marketing deve entender que, mesmo tendo o foco no cliente, a organização não pode ignorar suas obrigações para com os seus demais públicos, uma vez que suas ações certamente irão gerar impactos — fortes ou fracos, diretos ou indiretos, positivos ou negativos — sobre todos os interessados.

A gestão de marketing compreende o planejamento, a execução e o controle de todas as atividades que a organização realiza interagindo com o mercado. Vão desde a pesquisa e o desenvolvimento do projeto de um produto, ou serviço, incluindo aí sua concepção, criação, produção, distribuição, comercialização e pós-venda. Todas essas etapas fazem parte de uma cadeia de valor, portanto, devem ter como objetivo criar valor para clientes.

Michael Porter propôs a cadeia de valor, cujo modelo gráfico será apresentado mais adiante, como uma ferramenta para identificar as maneiras pelas quais se pode criar valor para os clientes, o que por sua vez nos remete à teoria da vantagem competitiva, do mesmo autor. Segundo Porter (1991:31),

> A vantagem competitiva não pode ser compreendida olhando-se uma empresa como um todo. Ela tem sua origem nas inúmeras atividades distintas que uma empresa executa no projeto, na produção, no marketing, na entrega e no suporte de seu produto. Cada uma dessas atividades pode contribuir para a posição dos custos relativos de uma empresa, além de criar uma base de diferenciação.

Diante disso podemos dizer que todas as áreas de atividades de uma organização — finanças, logística, produção, gestão de pessoas, pesquisa e desenvolvimento, contabilidade e marketing — devem ter em mente dois objetivos fundamentais: criar valor para o cliente ou paciente e conquistar uma vantagem competitiva sustentável.

Em Porter (1989:34) encontramos a relação direta entre a cadeia de valor e vantagem competitiva quando ele diz que "toda a empresa é uma reunião de atividades que são executadas para projetar, produzir, comercializar entregar e sustentar seu produto". Ele afirma que essa metodologia dá à organização a possibilidade de analisar individualmente as atividades desenvolvidas na empresa, a fim de que se possa compreender, em cada uma delas, a variação dos custos e as reais fontes de diferenciação, pois "uma empresa ganha vantagem competitiva executando essas atividades, estrategicamente importantes, de maneira mais barata, ou melhor, do que seus concorrentes".

O processo de ampliar o valor de um produto ou serviço acontece quando a organização executa suas atividades, conseguindo um custo menor que os demais participantes do setor, ou quando oferece produtos e serviços percebidos como únicos naquele setor. Uma organização tem vantagem competitiva quando consegue criar mais valor para seus clientes perante seus concorrentes.

A teoria de Porter, de certa forma, é corroborada por Kotler e Keller (2006:178) que afirmam que existem três maneiras de uma empresa fornecer mais valor que suas concorrentes.

Cobrando um preço menor. Esta maneira deve estar alinhada com a estrutura de custos baseada em economia de escala, curva de experiência, poder de negociação e localização, entre outros fatores. Ou ainda, pode ser obtida oferecendo preços baixos a clientes que estejam dispostos a abrir mão de alguns serviços.

Ajudando o cliente a reduzir seus outros custos. Existem duas formas de auxiliar os clientes a ter custos menores: uma é por meio da argumentação de que, embora o preço seja maior, as vantagens de se comprar um produto, ou serviço, com melhor desempenho ou durabilidade irá representar uma economia de longo prazo. Um nefrologista, ao comprar um equipamento de hemodiálise para sua clínica, poderá optar por uma marca que, apesar de mais cara, lhe ofereça maior tempo de garantia, melhor assistência técnica e economia de energia. A outra forma é mostrar ao cliente a vantagem que terá no custo total. Por exemplo: um plano de saúde que seja mais caro pode demonstrar que a facilidade de aprovação de consultas, exames e procedimentos reduzirá os gastos do segurado com saúde.

Acrescentando benefícios que tornem o produto mais atraente. Neste caso as organizações devem mostrar aos clientes que, apesar de não venderem mais barato ou representarem reduções de custos, apresentam outros benefícios como: customização; maior conveniência; rapidez; mais e/ou melhores serviços; orientação para prevenção e promoção de saúde; maior garantia; maior rede credenciada; programas de relacionamento.

Kotler também diz que uma das formas mais valiosas para buscar vantagem competitiva é analisar e identificar os benefícios que têm valor para os clientes, e cita como principais passos: identificar os principais atributos que possuem valor para os clientes; determinar a importância dos diferentes atributos; determinar a atuação da organização e da concorrência em relação a diferentes valores para os clientes; estudar a forma pela qual os clientes de um segmento específico qualificam a atuação da organização; acompanhar as mudanças dos valores dos clientes através do tempo.

Kotler (1996) define que o valor para o cliente é a diferença entre os benefícios que o cliente percebe comprando e usando um produto e o custo total despendido para obter esse produto, conforme a figura 5 a seguir.

Figura 5

Determinante do valor entregue ao consumidor

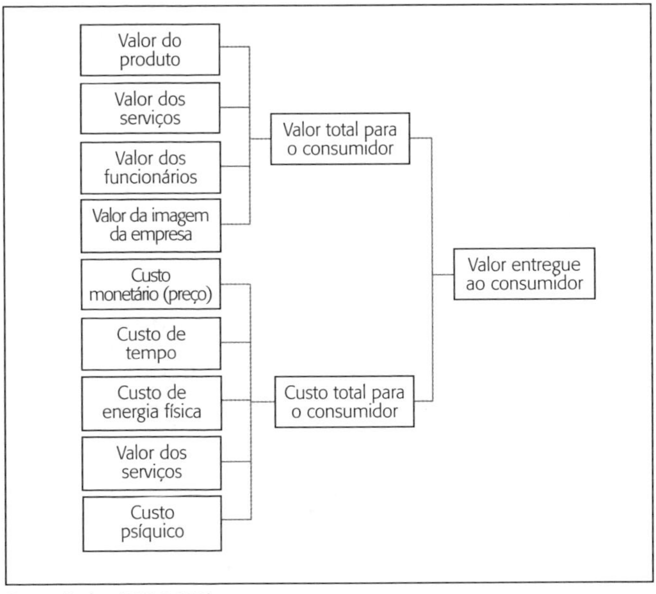

Fonte: Kotler (1996:140).

Competindo em valor no setor de saúde

Porter e Teisberg (2006:21) analisam o setor nos Estados Unidos. Sugerem que "a maneira de transformar o sistema de saúde é realinhar a competição com o valor para os pacientes. O valor na assistência à saúde é o resultado obtido na saúde por dólar gasto". Essa análise baseia-se na lógica de que num mercado competitivo todos devem atuar com base em valor e esse fato melhorará o setor. Entretanto, mesmo que essa afirmação pareça óbvia, a busca por uma proposta de valor não tem sido o objetivo dos participantes do setor. Eles afirmam que, na realidade, o que as organizações de saúde vêm fazendo é concentrar-se na redução de custos e na disputa sobre quem vai pagar o quê, quando deveriam ter seu foco em estratégias destinadas a agregar valor para o paciente.

Em Porter e Teisberg (2006:22) encontramos que,

> no nível mais básico, a competição na assistência à saúde deve acontecer onde o valor é de fato criado. E aqui reside uma parte bem grande do problema. O valor na assistência à saúde é determinado considerando-se a condição de saúde do paciente durante todo o ciclo de atendimento, desde a monitoração e prevenção, passando pelo tratamento e estendendo-se até o gerenciamento da doença.

Para os autores, a competição baseada em valor deve ser uma soma positiva a partir do momento em que as organizações e os clientes se beneficiam. As organizações que conseguem encontrar formas diferenciadas de fornecer valor superior saem vencedoras e obtêm como recompensa uma maior demanda. Por outro lado, os clientes também saem vencedores em razão da melhoria da qualidade dos produtos e serviços e da redução de preços. A partir daí, os autores chegam ao conceito de soma zero, ou seja, a competição que não melhora o valor apenas redivide o bolo, quando o certo seria ampliá-lo.

A seguir, alguns exemplos de competição de soma zero na assistência à saúde, pois nenhuma delas gera valor para os pacientes: competição para transferir custos; competição para aumentar o poder de negociação; competição para captar clientes e restringir a escolha; competição para reduzir custos restringindo os serviços.

A figura 6 mostra o círculo virtuoso proposto por Porter e Teisberg (2006:109).

Figura 6
Círculo virtuoso de Porter e Teisberg

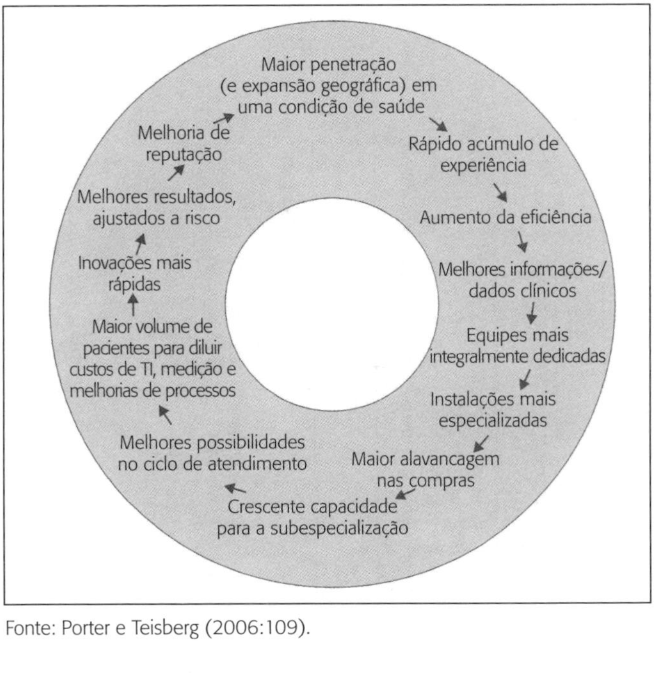

Fonte: Porter e Teisberg (2006:109).

Para implementar o modelo de competição baseado em valor, com foco em resultados, Porter e Teisberg propõem que as organizações delineiem e analisem sistematicamente seus processos de prestação de serviços de saúde e o modelo da avaliação pela cadeia de valor, conforme figura 7.

Figura 7

A CADEIA DE VALOR DE PORTER E TEISBERG

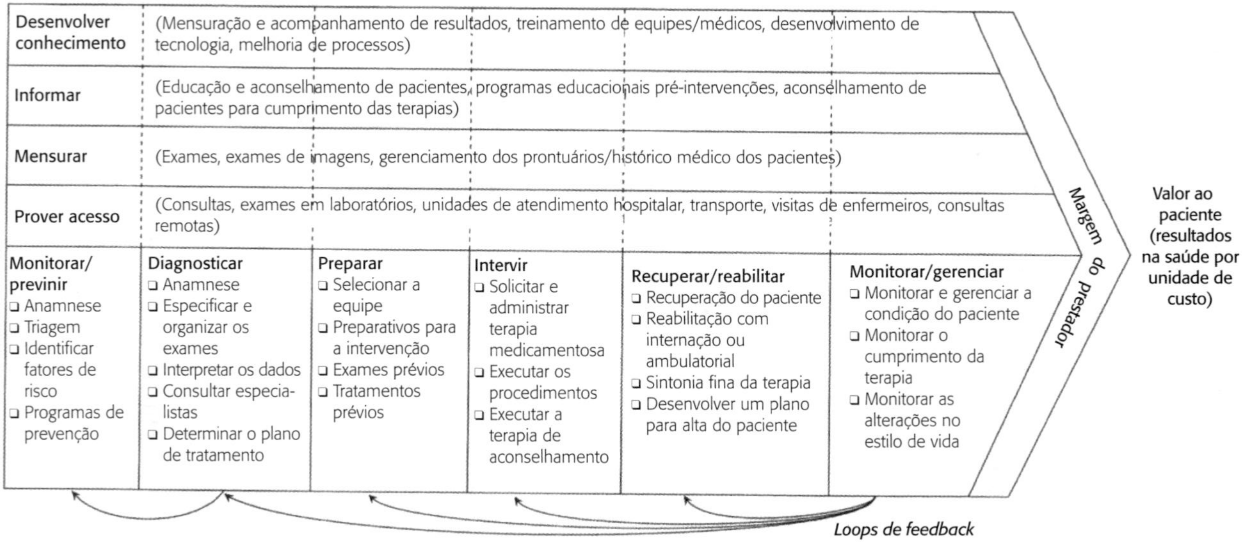

A cadeia de valor da prestação de serviço de saúde em uma unidade de prática integrada.

Fonte: Porter e Teisberg (2006:181).

Portanto, a competição baseada em valor focada em resultados provoca uma melhoria nos produtos e serviços, levando mais pacientes a ser tratados por prestadores com excelência, além de servir como uma motivação para as organizações estarem constantemente evoluindo em termos de inovações no atendimento à saúde.

Em saúde devemos ter sempre em mente que cada paciente ou cliente valoriza aspectos diferentes de forma também diferenciada: uns dão maior importância à velocidade da intervenção; outros, à forma cordial e personalizada com que são tratados; outros, ainda, ao atendimento por um médico em particular; às cores e decoração da recepção, da clínica onde são atendidos, ou do apartamento onde estão instalados.

Mas, na realidade, a construção de valor passa por todo um ciclo de atividades interdependentes a que chamamos de ciclo do serviço, que por sua vez é composto por momentos da verdade, que devem ser muito bem mapeados e planejados pela organização de saúde, buscando o seu aperfeiçoamento em direção ao estado da arte.

Os momentos da verdade simbolizam todos os contatos, diretos e indiretos, entre o cliente e o fornecedor dos serviços. A percepção do cliente é formada em cada um dos momentos do relacionamento na prestação do serviço de saúde. Portanto, devemos fazer um levantamento minucioso de todos eles. Cada organização tem seu ciclo central, que depois se ramifica no ciclo de cada área, setor ou serviço, e entre serviços. Um paciente é encaminhado para a UTI. Alguém será o responsável por seu tratamento, talvez outra pessoa deva dar a alta da UTI; uma terceira pessoa poderá ser responsável por acompanhar o paciente até o quarto; alguém deve recebê-lo e instalá-lo no quarto; quem será o responsável por ele nessa nova fase do tratamento? Como flui esse processo e a relação com o acompanhante? Enfim, tudo deve ser mapeado em uma sequência lógica, ágil, responsável, de forma que o paciente se sinta cuidado, protegido, orientado e confortável.

Os momentos da verdade iniciais e finais são normalmente críticos. Os momentos iniciais preparam o cliente, ou paciente, para o que vem depois; e os momentos finais permanecem mais fortes na memória do paciente após a sua alta.

Você já deve estar pensando em como elaborar estratégias de melhoria do ciclo de serviços de uma organização de saúde. Primeiro identifique todos os momentos da verdade que o compõem, em sequência. Depois pense em estratégias e táticas para melhorá-lo, sempre sob a ótica do seu público-alvo.

E tenha sempre em mente que em qualquer transação, principalmente nos serviços de saúde, a interação entre o prestador de serviços, o usuário e sua família faz toda a diferença. Veja no próximo capítulo como orientar uma organização para o desenvolvimento de ações de marketing de relacionamento.

Marketing de relacionamento

O setor de saúde já pratica marketing de relacionamento há muito tempo, mesmo que empiricamente. Só não o faz, na maioria das vezes, de maneira estruturada, focada e organizada a partir de objetivos empresariais.

Existem dois tipos básicos de relacionamento que as organizações podem ter com seus clientes: os *relacionamentos diretos*, que acontecem quando a organização conhece o nome, endereço, telefone, entre outras informações, de seus clientes. É o caso dos médicos, dentistas e outros profissionais de saúde, que possuem várias informações pessoais dos pacientes, o que lhes faz criar ofertas de valor superior, por meio da prevenção ou promoção de saúde.

Já os *relacionamentos indiretos* acontecem em organizações que, na maioria das vezes, se relacionam por um longo tempo com seus clientes, por meio de intermediários, e, portanto, não conhecem nem têm contato direto com a maioria deles. Exemplos: laboratórios farmacêuticos, fabricantes de cadeiras de rodas ou próteses. Esses fornecedores, entretanto, têm em suas marcas valores intrínsecos como qualidade e confiabilidade, entre outros que interessam aos seus públicos-alvo.

Em tempos de opções múltiplas e mudanças imprevisíveis, o marketing de relacionamento pode ser uma solução. Não é mais possível trabalhar apenas com a visão massificada do marketing, quando o mercado oferece uma enorme possibilidade de escolhas de produtos e serviços, disponibilizados para os clientes e pacientes no local e na forma que eles desejam. Não é possível também manter as bases tradicionais do marketing quando as organizações se veem diante do fim da lealdade às marcas.

Marketing de relacionamento é o processo contínuo de identificação e criação de valores com clientes individuais ou organizações, e o compartilhamento de seus benefícios durante o período de parceria.

Fazem parte desse tipo de marketing algumas ferramentas, tais como: banco de dados, *data mining*, modelagem por prognóstico e *customer relationship management* (CRM). Cabe ressaltar que o marketing de relacionamento não é apenas uma evolução tecnológica, mas sim metodológica e comportamental.

As formas de conhecer e se relacionar com o cliente envolvem a compreensão e a administração de uma contínua colaboração entre fornecedores e clientes para a criação e compartilhamento de valores mútuos por meio de interdependência e alinhamento organizacional.

O marketing de relacionamento não propõe atender a todos os clientes. Procura, sim, alinhar a organização com as expectativas de clientes específicos e oferecer continuamente o valor que esses clientes esperam.

O marketing de relacionamento parte então da necessária compreensão de quem é o cliente, suas necessidades e seus desejos, da indispensável separação entre clientes rentáveis (ou potencialmente rentáveis) dos não rentáveis, da busca de ferramentas que possam acompanhar a vida desse cliente na organização, seus produtos e serviços. Tudo isso para criar um horizonte de relacionamento ideal entre o cliente e a organização fornecedora.

O marketing de relacionamento busca saber, em última analise, onde concentrar os esforços rentáveis, mudando sensivelmente a forma tradicional de abordar o cliente. É um programa que não acontece da noite para o dia. Para tanto, a empresa precisa estar pronta para responder questões como: por quanto tempo pretendemos manter um diálogo com o cliente? Estamos prontos para surpreender o cliente?

Frequência é importante desde que venha em sequência. O marketing de relacionamento busca que clientes comprem, ou se relacionem, com frequência. Porém esta precisa ser dentro do ritmo determinado pelo cliente. Frequência esporádica, no marketing de relacionamento, não existe.

O marketing de relacionamento é um investimento, e seus princípios estão baseados em atividades de longo prazo. Suas atividades de controle têm que enxergar o cliente ao longo do tempo, avaliando os resultados.

Os benefícios desse tipo de ação de marketing geralmente revelam-se com o aumento da retenção e lealdade dos clientes (aumento do valor de tempo de vida), aumento da lucratividade por cliente e maior entendimento das necessidades de cada cliente. O relacionamento fica mais direto, com menos atritos, com maior oferta de valor e com menos despesas.

Tendo visto os conceitos de comportamento do consumidor, de segmentação, de definição do público-alvo, de posicionamento, de valor e de marketing de relacionamento, é hora de tratarmos do composto de marketing, também conhecido como marketing mix ou modelo dos 4Ps. Todo trabalho de marketing baseia-se nesse composto.

4

O desenvolvimento do marketing mix e o planejamento de marketing

Tomando como base os conceitos anteriormente apresentados, neste capítulo vamos discutir como desenvolver o composto de marketing, também conhecido como marketing mix. Adicionalmente, vamos conhecer a estrutura básica de um plano simplificado de marketing que poderá ser desenvolvido para a sua organização de saúde.

O composto de marketing

Como vimos anteriormente, um dos maiores desafios dos profissionais de marketing nos dias de hoje, caracterizados pela hipercompetição, é a criação de ofertas com agregação de valor percebido pelos diversos públicos de interesse da organização, os chamados *stakeholders*. Vimos também que este valor pode estar baseado nas diversas maneiras como nos relacionamos com os nossos públicos de interesse ou a forma como construímos nossa proposta de valor. Neste capítulo vamos falar sobre a relação de valor criada a partir do conceito, desenvolvido por McCarthy em 1960, os famosos 4Ps de marketing, ou marketing mix, que passou a ser adotado por inúmeros autores de referência. Kotler e Keller (2006) definem o composto de marketing como um conjunto de ferramentas que a empresa usa para atingir seus objetivos no mercado-alvo.

O marketing mix, ou composto de marketing, ou ainda variáveis controláveis de marketing, pode ser entendido como a combinação de quatro elementos fundamentais para as organizações e devem ser desenvolvidos tendo como foco central o público-alvo a fim de atingir os objetivos de mercado. O composto é formado por elementos comumente chamados de "quatro pês de marketing". São eles: produto, preço, praça e promoção. Devemos entender que esses quatro elementos estão inter-relacionados e que as ações de um interferem e afetam diretamente os outros. A seguir apresentaremos cada um deles.

Produto ou serviço

Num primeiro momento, apenas para fins didáticos, vamos tratar produtos e serviços da mesma forma, ou seja, como objeto de troca da organização com o cliente. Ainda neste capítulo vamos mostrar as principais diferenças entre produtos e serviços.

Um produto é "tudo que pode ser oferecido a um mercado para satisfazer uma necessidade ou desejo" (Kotler e Keller, 2006). Esse conceito diz que produtos podem ser: bens físicos (medicamentos, equipamentos, um aparelho para surdez ou um aparelho ortodôntico), serviços (consultas, cirurgias, um clareamento dental), eventos (congressos, aulas), pessoas (médico, dentista, enfermeiro, professor, político), organizações (a clínica, o hospital, o laboratório), informações e ideias (uma campanha de vacinação, uma campanha de doação de órgãos, uma campanha de prevenção), entre outros. O importante é saber que as pessoas não compram características físicas, e sim benefícios. O exemplo clássico de Kotler é o de um marceneiro que, quando compra uma broca de uma polegada, não está interessado na ferramenta em si, mas sim em um furo de uma polegada. Portanto, devemos nos concentrar mais nas soluções que nossos clientes ou pacientes necessitam e desejam e menos nas características e elementos dos nossos produtos ou serviços.

Já os serviços, ainda segundo Kotler e Keller (2006:397), são "qualquer ato ou desempenho, essencialmente intangível, que uma parte pode oferecer a outra, e não resulta na propriedade de nada. A execução de um serviço pode estar ou não ligada a um produto concreto". Por exemplo, as consultas médicas, intervenções cirúrgicas, hemodiálise, tratamentos dentários, aulas de nutrição, organização de congressos, entre outros. Neste livro, sempre que estivermos nos referindo a produtos, estaremos também incluindo os serviços. Mais adiante, ainda neste capítulo, faremos algumas considerações adicionais sobre os serviços.

Existem duas categorias de produtos: os tangíveis e os intangíveis.

Os tangíveis podem ser classificados — segundo suas características, uso ou consumo — como:

- duráveis, que incluem aparelhos de raios X, ultrassonografia, eletrocardiograma;
- não duráveis, que englobam itens como gaze, esparadrapo, ataduras, anestésicos.

Os intangíveis, por sua vez, dividem-se em:

- serviços estruturados, como hospitais, clínicas, consultórios;
- serviços prestados por pessoas, como cirurgiões, clínicos gerais, anestesistas.

Os produtos e serviços podem ser agrupados em função do seu uso e do tipo de cliente a que servirão, como, por exemplo:

- consumo (medicamentos para dor de cabeça, cólicas menstruais, dor de dente);
- industriais (matéria-prima, material de embalagem para medicamentos).

Podem também ser classificados segundo os hábitos de compra e percepção de valor dos seus consumidores:

- bens de conveniência — bens de consumo que o cliente geralmente adquire com frequência, com baixo valor de desembolso e com um mínimo de esforço de comparação e de compra. Por exemplo, os xaropes, antigripais, analgésicos;
- bens comparáveis ou de compra comparada — bens de consumo para os quais o cliente, no processo de seleção e aquisição, caracteristicamente compara a conveniência, qualidade, preço, estilo e marca. Podemos citar os tensiômetros, estetoscópios, medidores de nível glicêmico;
- bens de uso especial — bens de consumo com característica única ou forte identificação de marca, para a qual um grupo está disposto a fazer um esforço significativo para adquirir, como uma cirurgia cardíaca com a equipe treinada em Cleveland, nos Estados Unidos, uma cirurgia plástica na clínica do prof. dr. Ivo Pitanguy.

Os produtos podem ser divididos em quatro níveis, segundo a percepção de valor por parte do usuário: núcleo, ou básico; esperado, ou genericamente oferecido pelo mercado; ampliado, que oferece mais que o esperado; potencial, ou possível de ser desenvolvido para futura oferta.

Produto núcleo ou básico é aquele cujo desempenho cumpre apenas o básico esperado pelo mercado. Por exemplo, atadura gessada, material para imobilizar e fixar ataduras.

Produto esperado é aquele que, além do básico, oferece um benefício procurado pelo consumidor a partir da oferta de concorrentes (por exemplo, atadura gessada que imobilize e resista por determinado tempo), respondendo, assim, à expectativa atual do mercado, incluindo os atributos esperados pelo cliente.

Produto ampliado é aquele que oferece benefícios além do esperado. Marca, forma, facilidade de uso, conforto, agilidade na entrega, facilidade de instalação, acompanhamento pós-compra são ampliações de um bem e representam diferencial competitivo e valor ampliado percebido pelo cliente. Por exemplo, atadura gessada que imobilize e resista por determinado tempo e cuja cor externa possa ser escolhida pelo usuário, diferenciando-se assim dos demais concorrentes.

Produto potencial é aquele que poderá apresentar benefícios além dos esperados hoje. Ele atenderá a necessidades latentes no cérebro do consumidor (por exemplo, atadura gessada que imobilize e resista por determinado tempo; atadura colorida, que seja lavável, leve e que permita a oxigenação da pele). Essa seria hoje uma solução de necessidades surpreendente.

Esses conceitos são muito úteis no conhecimento e avaliação dos produtos e serviços de saúde da sua organização e devem ser considerados na elaboração de estratégias.

O gestor deve analisar os principais produtos e serviços da organização sob essas diversas óticas. Provavelmente irá concluir que faltam a eles características melhores que os produtos similares ofertados no mercado. Deverá então criar estratégias e táticas para adequar produtos e serviços, tornando-os diferentes e superiores aos dos concorrentes, de forma a ampliar o valor percebido pelo público-alvo.

Segundo Levitt (1990), a concorrência não se dá no nível do que as empresas produzem, mas sim no que elas adicionam aos seus produtos, ampliando a percepção do seu valor pelo cliente. Ampliar produtos adequadamente é uma das mais importantes tarefas do marketing.

Estágios do ciclo de vida do produto

No desenvolvimento e adequação de produtos deve-se ainda levar em consideração seu estágio no ciclo de vida, se está em fase de introdução, crescimento, maturidade ou declínio. Cada fase tem suas características e exigências para que a competitividade seja preservada. Veja a figura 8 a seguir.

Figura 8
ESTÁGIOS DO CICLO DE VIDA DO PRODUTO

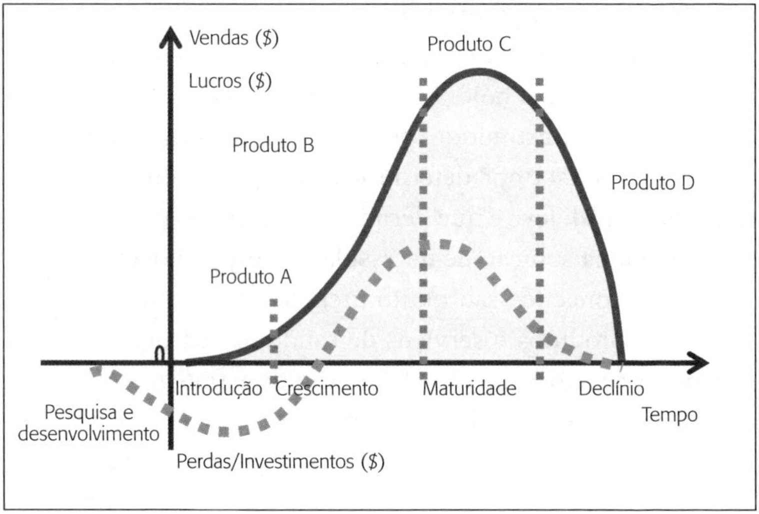

Na fase de introdução, normalmente as vendas de produtos e serviços crescem rapidamente, quando comparadas aos períodos anteriores. Nessa fase geralmente recomenda-se investir em estratégias de crescimento para que, no futuro, com participação de mercado relevante, os investimentos em pesquisa e desenvolvimento e em lançamento sejam recuperados.

Na fase de crescimento, quando o produto comprovadamente demonstra ter chances de ser vencedor, a concorrência tende a se acirrar. Recomenda-se manter os investimentos em crescimento de participação de mercado.

Na fase de maturidade é quando se consegue auferir os maiores lucros, em função da economia de escala atingida. A concorrência costuma ser mais acirrada, pois o mercado não apresenta possibilidade de crescimento significativo, e os concorrentes precisam tirar clientes uns dos outros para avançar.

A matriz do BCG

Uma das ferramentas mais utilizadas para análise e avaliação do portfólio de produtos e serviços pelas organizações é a matriz do Boston Consulting Group (BCG).

A matriz apresenta uma relação direta com o ciclo de vida dos produtos e serviços. Indica também necessidades diferenciadas de investimentos em razão da fase de vida (introdução, crescimento, maturidade e declínio).

A metodologia consiste em criar quatro quadrantes a partir de dois eixos. No eixo vertical, plotamos o nosso produto ou serviço (unidade estratégica de negócio, UEN), em razão da taxa de crescimento do mercado em que a UEN atua. No eixo horizontal, levamos em consideração a participação relativa da UEN no mercado, em relação ao principal concorrente direto.

As UENs serão classificadas em função do quadrante que ocupam conforme a figura 9.

A posição dos itens na matriz permite termos uma visão geral do portfólio da organização e serve de base para a tomada de decisão com relação à alocação de investimentos, a determinação do papel que cada UEN tem para a organização e, como consequência, indica que tipos de estratégias e de ações devem ser propostas para cada uma delas. Vejamos as quatro classificações dos quadrantes.

- *Pontos de interrogação*, também chamados de gatos selvagens: produtos ou serviços que geralmente estão na fase de introdução. Representam uma parcela relativamente baixa de participação de mercado, mas têm alta taxa de crescimento, exigindo um razoável volume de recursos para financiar seu desenvolvimento. São fracos geradores de caixa, pois, mesmo havendo estudo de mercado e expectativa de demanda, sua posição competitiva em geral ainda não é sólida. O gestor deve considerar quais UENs devem ser transformadas em estrelas e quais devem ser descontinuadas.
- *Estrelas*: produtos e serviços que normalmente estão na fase de crescimento. São os que estavam na condição de pontos de interrogação e que tiveram boa aceitação pelo mercado. Têm taxa de crescimento elevada e continuam exigindo muitos recursos a fim de manter esse crescimento; só que agora, geralmente, já apresentam rendimentos razoáveis e, por isso, podem estar com o fluxo de caixa equilibrado ou até mesmo positivo. Nessa fase o gestor busca a manutenção da liderança.
- *Vacas leiteiras*: produtos e serviços que estão na fase de maturidade do ciclo de vida. São as antigas estrelas que continuam com uma alta parcela relativa no mercado de atuação, embora apresentem baixa taxa de crescimento. Por ser uma UEN estabelecida e bem-sucedida, necessita de poucos investimentos para manter sua participação no mercado, transformando-se, portanto, num gerador de recursos para a organização. O gestor deve perseguir a maximização do resultado, que servirá para bancar os investimentos das UENs classificadas como ponto de interrogação e estrela. Algumas organizações optam por investir os recursos da UEN nela mesma, ampliando seu ciclo de vida.
- *Abacaxi* ou *cão velho*: produtos e serviços que geralmente estão na fase de declínio do ciclo de vida. Normalmente,

são antigas vacas leiteiras, ou pontos de interrogação que não tiveram sucesso, e que agora apresentam baixa parcela relativa no mercado de atuação. Podem, ou não, ser lucrativos. O gestor deve buscar um novo posicionamento ou a descontinuidade da UEN.

Figura 9
Matriz do Boston Consulting Group (BCG)

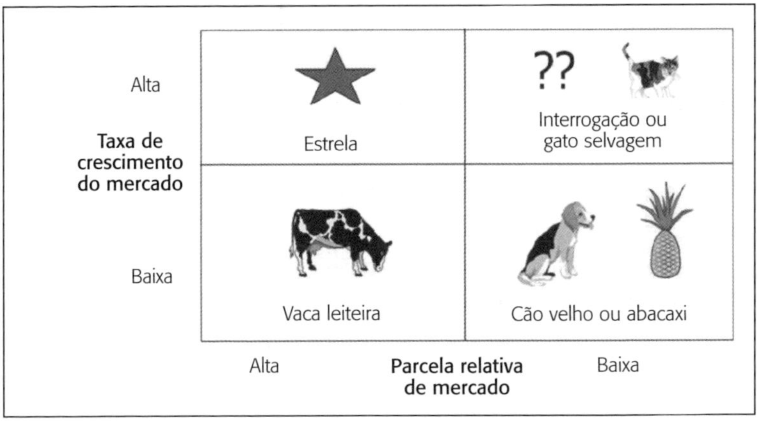

O grande direcionador do gestor do portfólio será o próprio mercado. Os processos de criação, desenvolvimento, manutenção e descontinuidade de produtos e serviços de uma organização devem ser orientados na direção da dinâmica do mercado, ou seja, clientes sendo disputados por concorrentes. E essa dinâmica deve ser entendida buscando, por meio de um sistema de informação de marketing, compreender e conhecer o comportamento de clientes e pacientes.

Portanto, o gestor deverá estar cada vez mais sensível ao estágio do ciclo de vida de cada produto ou serviço do seu portfólio, antecipando-se aos concorrentes por meio de ofertas inovadoras de produtos e serviços, diferenciadas, atraentes e acessíveis, levando em consideração o ambiente interno da organização, suas forças e fraquezas, para que não caia no erro de prometer mais do que realmente pode oferecer e entregar. Este é um pecado que o mercado não perdoa!

Marca

Segundo a American Marketing Association (AMA, 1988), marca é "um nome, termo, sinal, símbolo, design ou combinação de tudo isso destinado a identificar os produtos ou serviços de uma organização ou a própria organização, bem como sua diferenciação dos concorrentes".

Em Kotler e Keller (2006:269) temos que

> uma marca é portanto um produto ou serviço que agrega dimensões que, de alguma forma, o diferenciam de outros produtos ou serviços desenvolvidos para satisfazer a mesma necessidade. Essas diferenças podem ser funcionais, racionais ou tangíveis — isto é, relacionadas ao desempenho do produto. E podem ser também mais simbólicas, emocionais ou intangíveis — isto é relacionadas ao que a marca representa.

A construção de uma marca deve levar em consideração a visão que a organização tem de seus produtos e serviços e dela mesma, uma vez que essa construção demanda muitos recursos de tempo e dinheiro, entre outros. A marca, quando bem gerenciada, torna-se um ativo intangível de grande valor para a organização.

Marketing nos serviços

O setor de serviços, também chamado de economia de serviços ou sociedade de serviços, é hoje uma realidade mundial e reconhecidamente a nova fonte de riqueza. Representa maioria absoluta no Produto Interno Bruto (PIB) das principais economias mundiais (aproximadamente 70% da economia americana, próximo de 60% da economia dos países da União Europeia). Esse setor, que já foi considerado como oculto servindo apenas como suporte para a agricultura, pecuária e indústria, é hoje, além de independente, também fundamental como fonte de diferenciação e ampliação de valor para as organizações.

Uma organização do setor de saúde é, em geral, uma instituição complexa de serviços. Tomemos como exemplo um hospital geral, que, além de oferecer os serviços comuns a sua competência essencial — como consultas, exames, assistência de emergência, cirurgias, entre outros —, também possui restaurantes, cafeterias com serviços de internet sem fio, livrarias, serviços religiosos, hotelaria e estacionamento.

Essa nova dimensão de valores gerada pela economia dos serviços traz a reboque um novo tipo de concorrência e obriga as organizações a se adaptarem a essas novas "regras" como forma de sobrevivência. Os serviços funcionam hoje como uma das bases para a diferenciação e vantagem competitiva sustentável.

O grande desafio dos gestores das organizações de saúde está em atender às demandas ilimitadas de desejos e necessidades de seus pacientes e clientes e, ao mesmo tempo, fazer com que a organização opere de forma produtiva e lucrativa. Necessita para isso de uma equipe de colaboradores, em todos os níveis e áreas, comprometida, envolvida e motivada, além de perseguir uma constante atualização tecnológica e contar com instalações modernas e eficientes.

Em Grönross (1995:36) temos a seguinte definição: "O serviço é uma atividade, ou uma série de atividades, de natureza mais ou menos intangível — que normalmente, mas não necessariamente, acontece durante as interações entre clientes e empregados de serviços —, que é fornecida como solução aos problemas dos clientes".

Quadro 2

Diferenças entre serviços e bens físicos

Serviços	Bens físicos
Intangíveis	Tangíveis
Heterogêneos	Homogêneos
Produção, distribuição e consumo são processos simultâneos	Produção e distribuição separadas do consumo
Atividade ou processo	Coisa
Valor principal produzido nas interações entre comprador e vendedor	Valor principal produzido em fábricas
Clientes participam da produção	Clientes normalmente não participam do processo de produção
Não pode ser mantido em estoque	Pode ser mantido em estoque
Não transfere propriedade	Transferência de propriedade

Fonte: Grönross (1995:39).

Spiller e coautores (2009) tratam desse assunto em detalhes.

Preços

Um grande desafio para os gestores está na correta formação de preços de seus produtos e serviços. Essa é uma questão vital para o desenvolvimento, crescimento e sobrevivência autossustentada das organizações. Por meio de uma política eficiente e eficaz de preços, as organizações poderão atingir seus objetivos de lucratividade, posicionamento, crescimento e atendimento a todos os seus públicos de interesse.

Quando mencionamos correta definição de preços, não falamos especificamente de preços altos ou baixos. Para atingirmos os objetivos, em primeiro lugar temos que defini-los corretamente, identificando-os claramente como de mercado ou de lucratividade. Essa definição é importante para que a formação de preços seja coordenada com as outras ações de marketing, como desenvolvimento de produtos ou serviços, políticas de promoção e comunicação, além dos projetos de distribuição. Observam-se todos esses aspectos a fim de que as decisões sejam coerentes com o posicionamento almejado. Além de perfeitamente identificado com os mercados de atuação da organização, o gestor responsável pela determinação de preços deve considerar a análise de custos, seu ponto de equilíbrio operacional e o retorno dos acionistas.

Grande parte das decisões de compras é baseada nos preços dos produtos ou serviços. A maioria dos consumidores possui desejos e necessidades ilimitadas, porém recursos limitados. O cliente, normalmente, só comprará algum produto, ou serviço, se o preço justificar o nível de satisfação que poderá derivar de sua compra.

Em resumo, devemos pensar que uma correta formação de preços deve sempre levar em consideração três aspectos fundamentais: mercadológicos, financeiros e tributários.

Os aspectos mercadológicos estão ligados, como o nome já diz, à preocupação que o gestor de preços deve ter em acompanhar o que o mercado está apontando. Para não ficar fora da competição, a organização deve conhecer o seu mercado de atuação e isto inclui os clientes, os concorrentes diretos e os indiretos. Logicamente, aspectos de custos são fundamentais para a análise de lucratividade e viabilidade do negócio. Entretanto, a fixação de preços deve ser feita a partir das condições estabelecidas pelo mercado e não ao contrário. Em tempos de hipercompetição a visão deixou de ser de dentro para fora e passou a ser de fora para dentro. O gestor que pensar diferente e estabelecer seus preços considerando apenas os custos e margens possivelmente estará dando um passo para a falta de competitividade.

Os aspectos financeiros dizem respeito à capacidade e ao fôlego financeiro da organização. Existem produtos ou serviços que são chamados de geradores de caixa, como os serviços de transporte, que recebem pelo serviço no início da sua prestação. Por outro lado, existem negócios que são tomadores de caixa, como, por exemplo, uma editora de livros que contrata o autor, revisa os originais, edita e imprime o livro para só depois ser distribuído para uma livraria, que, normalmente, ainda tem um prazo médio de 90 dias para pagar à editora. Todo esse processo operacional, que leva em média 180 dias, obriga a editora ter uma engenharia financeira de fluxo de caixa capaz de evitar problemas de capital de giro.

E, finalmente, os aspectos tributários. Eles têm significativa importância em termos de impacto na formação de preços, na percepção de valor para os consumidores e na lucratividade das organizações. Portanto, é de fundamental importância que o gestor de preços faça um estudo acerca dos impostos (municipais, estaduais e federais) que incidem sobre seus produtos ou serviços.

Demanda elástica e inelástica

Outro fator que o gestor deve analisar cuidadosamente é o tipo de demanda (elástica ou inelástica) que o seu produto ou serviço apresenta. Essa avaliação é fundamental, uma vez que este estudo lhe dará a possibilidade de saber o quanto a demanda por seus produtos ou serviços é, ou não, sensível às variações de preço.

Vários poderão ser os objetivos perseguidos pela empresa com relação à precificação de seus produtos e serviços. Primeiramente deveremos considerar os objetivos mais gerais da organização, para posteriormente determinarmos os objetivos de marketing e por fim os objetivos de preços. Esses deverão estar coerentes e ligados aos objetivos de marketing, que, por sua vez, deverão estar coadunados com os objetivos estratégicos da organização.

Para determinar os objetivos de preços, devemos considerar os aspectos externos da organização, onde estão as oportunidades e ameaças, e a sua situação interna, onde temos as forças e as fraquezas. Adicionalmente, também devem ser considerados tanto o mercado-alvo visado quanto o posicionamento almejado.

Segundo Kotler e Keller (2006:434), os principais objetivos da fixação de preços são: "sobrevivência, maximização do lucro atual, maximização da participação de mercado, desnatamento máximo de mercado e liderança na qualidade de produto". Kotler cita ainda que organizações públicas, ou as sem fins lucrativos, adotam outros objetivos para determinação de preços e exemplifica citando um hospital sem fins lucrativos que pode objetivar a recuperação total de custos, uma prática que geralmente é conhecida como uma prática de sustentabilidade econômico-financeira.

Veja a seguir alguns modelos de estratégias de preços que podem ser adotados. E essas não são as únicas possibilidades.

Estratégia premium. Com um produto ou serviço de alta qualidade, pode-se praticar um preço alto, visando atingir a faixa de maior poder aquisitivo do mercado. As seguintes situações facilitariam a adoção dessa estratégia:

- apesar do preço alto, um número significativo de compradores está disposto a adquirir o serviço;
- baixo risco de concorrência. Altos preços sugerem altos lucros, aguçando a ganância de novos investidores;
- imagem — preço alto cria imagem superior.

Estratégia de penetração de mercado. Adoção de um preço um pouco abaixo do praticado pelo mercado, objetivando rápido crescimento nas vendas e grande participação de mercado. As seguintes condições viabilizam a adoção dessa estratégia:

- mercado altamente sensível a preço. Por exemplo, para cada redução de preço, haverá o acréscimo percentual no número de consumidores;
- custos unitários de produção e distribuição caem significativamente com o aumento de produção, em função do aumento da demanda;

- preço baixo como barreira de entrada para novos concorrentes. Todo novo investidor espera altas taxas de retorno, no menor prazo possível.

Estratégia para pronta recuperação de caixa. Muitas vezes as empresas se deparam com essa desagradável necessidade, em que a estratégia original de preço tem que ser sacrificada pela sobrevivência da empresa. Parte-se para a diminuição dos preços, acelerando o faturamento e recompondo o caixa. Nesse modelo de estratégia de preços é comum o uso de promoções por tempo determinado. Vencido o prazo, retorna-se ao nível de preço até então praticado.

Estratégia do retorno satisfatório. Algumas empresas definem um retorno mínimo desejado, que por sua vez tem reflexos no preço a ser praticado, independentemente das circunstâncias de mercado. Para instituições que desejem adotar esse modelo é recomendável que a estratégia leve em conta o giro dos produtos, aplicando margens menores àqueles que têm maior giro.

Na prática, a fixação da estratégia de preço de um produto sempre levará em conta, no mínimo, o valor percebido pelos clientes, todos os custos envolvidos, e os preços dos produtos concorrentes.

Muitas empresas adotam a estratégia de sempre praticar o preço médio do mercado, como uma forma conservadora de não se exporem e não errarem nessa difícil escolha de estratégia. Porém, essa é uma prática inadequada, não levando aos efeitos diferenciais determinantes do sucesso, dignas de um verdadeiro empreendedor.

Praça, ponto de venda ou canais de distribuição

Durante um longo tempo, os canais de marketing receberam, por parte de muitas organizações, uma menor atenção em comparação com as outras três áreas estratégicas do composto de marketing (produto, preço e promoção), pois viam a distribuição como algo secundário perante as demais áreas da organização. Entretanto, nos últimos anos, em razão das mudanças provocadas pelas novas tecnologias de informação, essa negligência relativa dos canais de marketing vem mudando, principalmente em função do crescente poder dos distribuidores, especialmente os varejistas, e da necessidade de redução dos custos de distribuição. Por isso, outra área que até então era colocada em segundo plano e que está valorizada é a logística. A razão dessa valorização está no novo mundo organizacional, em que a competição é cada vez mais acirrada, e a busca por uma vantagem competitiva sustentável se tornou uma questão de sobrevivência. Como vantagem competitiva sustentável é definida como um diferencial competitivo que não pode ser facilmente copiado pela concorrência, as organizações voltaram-se para as áreas de distribuição e logística, já que cada vez é mais difícil se alcançar esse diferencial competitivo somente por meio de estratégias de produto, preço e promoção.

As mudanças advindas de um novo mundo globalizado obrigaram as organizações a desenvolver novas competências — como, por exemplo, fabricar produtos em qualquer parte do mundo, atualização constante e adoção de novas tecnologias e de novos modelos de gestão, entender culturas diferentes da sua, entre outras —, o que gerou uma competição diferente e acirrada em muitas categorias de produtos e até mesmo serviços.

Os canais de distribuição estão presentes em todas as organizações e em todos os produtos e serviços que os consumidores ou compradores de organizações adquirem em todo o mundo. Entretanto, na maioria das vezes esses consumidores não percebem a complexidade de organizações, pessoas e ações que aconteceram para que aquele produto ou serviço estivesse ali, naquele momento convenientemente disponível.

Como a maioria dos fabricantes não vende seus produtos diretamente para os clientes finais, preferindo focar seus esforços na sua competência essencial, eles transferem essa função a outras organizações interdependentes — os intermediários —, que desempenham um ou mais papéis na distribuição dos produtos ou serviços.

Os principais membros de um canal de distribuição são os fabricantes (produtores dos bens), os intermediários (atacadistas, varejistas) e os usuários finais (clientes organizacionais ou consumidores individuais).

Os canais de distribuição são classificados em função do seu comprimento ou nível de distribuição (figura 10).

Figura 10

Classificação dos canais de distribuição

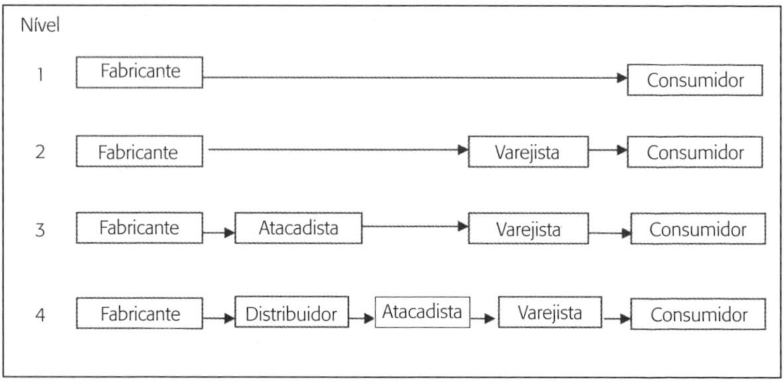

As organizações — em razão da natureza dos seus produtos, características dos seus clientes, concorrentes, intermediários, além das suas próprias características e objetivos — optam por utilizar os canais diretos ou os indiretos, que podem ser curtos, como o de nível 2; longos, como o de nível 3; ou ultralongos, como o de nível 4.

Outra forma de distribuição utilizada por organizações é o sistema de franquias, que são associações de outras empresas (franqueados) que se encarregam de fabricar ou distribuir o produto ou serviço sob licença. Na área da saúde temos como exemplos redes de farmácias, laboratórios de análises clínicas, clínicas de estética odontológica, entre outras.

Portanto, o gerenciamento dos canais de distribuição deve ser orientado para o cliente, utilizando todos os membros do canal como uma poderosa arma para adicionar valor para clientes, indo além da diferenciação do produto, chegando à diferenciação do serviço a fim de obter uma vantagem competitiva sustentável por meio de relacionamentos lucrativos e duradouros entre todos os membros do canal e os clientes ou usuários finais.

Promoção

Do gestor de marketing moderno exige-se mais do que desenvolver um bom produto ou serviço adequado ao público-alvo, determinar um preço que o torne competitivo e corretamente posicionado e desenvolver uma cadeia de distribuição que o torne acessível. Requere-se também o desenvolvimento e gerenciamento de estratégias e ações de comunicação com os públicos de interesse da organização. Portanto, promoção no sentido de comunicação é toda e qualquer forma de comunicação que a empresa realiza com seus diversos públicos de interesse.

Segundo Kotler e Keller (2006), as principais ferramentas de comunicação são: propaganda, promoções de vendas, relações públicas e assessoria de imprensa, marketing direto e venda pessoal.

Propaganda. Forma de comunicação impessoal paga pelo anunciante. Geralmente utilizada nas mídias de massa. Exemplos: anúncios em TV, rádio, revistas, *outdoor*, *busdoor*, entre outros.

Promoções de vendas. Atividade mercadológica em que é ofertado um benefício extra e temporário ao consumidor, de forma a convencê-lo a fazer aquisição imediata. Baseia-se num conjunto diversificado de ferramentas de incentivo de curto prazo. Exemplos: amostras, brindes, cupons, recompensas por preferência, descontos, pacotes promocionais, concursos, sorteios.

Relações públicas e assessoria de imprensa. Por meio de atividades e programas, busca obter publicidade favorável e ampla, trata da imagem institucional e de sua identificação. Exemplo: uma clínica cardiológica promove uma semana do coração com palestras, medição de glicemia etc. e envia *press releases* aos meios de comunicação, visando conseguir o que chamamos de mídia espontânea.

Marketing direto. É um sistema interativo que usa uma ou mais mídias de propaganda para obter uma resposta e/ou transação mensurável em qualquer localização. Exemplos: mala direta, telemarketing, e-mail, marketing, fax.

Venda pessoal. Qualquer forma de apresentação pessoal face a face com clientes potenciais, com a intenção de apresentar novos produtos ou serviços, tirar dúvidas e realizar vendas.

Portanto, o gestor do composto de comunicação deve escolher seu mix de comunicação com base nos objetivos determinados pela organização, levando em consideração a natureza do mercado, a natureza do produto ou serviço, o público a ser atingido e tendo como restrição as questões legais e éticas, além, logicamente, dos recursos de tempo e dinheiro. Nunca é demais lembrar que essas restrições devem ser enfatizadas no setor de saúde.

Para finalizar, vamos dar um exemplo na área de saúde pública: a erradicação da poliomielite. Quando o governo federal estipula como objetivo erradicar a poliomielite no Brasil, podemos fazer um plano de marketing? Definir objetivos e metas? E o marketing mix? Onde está o produto? Qual é o preço? Qual a distribuição? E a comunicação? Muito bem, então vamos às respostas.

O objetivo: erradicar a poliomielite.

As metas: vacinar 90% das crianças de 0 a 4 anos.

O produto ou serviço: as vacinas e a vacinação.

O preço: nesse caso, podemos medir o quanto o governo vai economizar com os tratamentos ao longo da vida dos doentes, além de considerar os ganhos em qualidade de vida das famílias protegidas.

A promoção: os anúncios veiculados nas principais mídias do Brasil com a figura do jogador Ronaldo Fenômeno, que doou o cachê, além de todas as ações visando mídia espontânea.

A distribuição: em todo o Brasil, no mesmo dia. Imagine, caro leitor, a complexidade logística envolvida para vacinar esse contingente de crianças num país com dimensões continentais.

Portanto, podemos concluir que os elementos do composto de marketing devem funcionar de forma harmônica e sinérgica, pois, por meio de ações combinadas e convergentes entre eles, as organizações poderão atingir seus objetivos estratégicos.

Tendo entendido como trabalhar com o composto de marketing de forma a atender às expectativas do mercado, vamos agora conhecer a estrutura básica de um plano de marketing.

O plano de marketing

Na etapa anterior foram analisadas as variáveis de marketing, também chamadas de composto de marketing ou marketing mix. Essas variáveis são interdependentes e devem ser harmonizadas com foco em um determinado segmento de mercado escolhido, ao qual se quer atender em suas necessidades e desejos, se possível de forma diferenciada dos concorrentes.

Marketing estratégico é um processo de análise de oportunidades e ameaças, escolha de objetivos de marketing, desenvolvimento de estratégias (o que fazer), e de táticas (como fazer), implantação e controles da sua execução.

Todo plano de marketing deve ser objetivo, claro e ter um encaminhamento lógico, facilitando sua leitura e entendimento por parte daqueles a quem se destina.

Muitos são os modelos propostos para a elaboração de um plano de marketing. O apresentado a seguir é apenas uma das opções. A escolha deveu-se à simplicidade, sequência e encadeamento lógico de ideias, além de contemplar todos os itens básicos necessários.

Introdução

A introdução trata da abrangência do plano. Deve abordar o histórico e o desempenho do objeto do plano, seja ele um produto, um serviço, um centro de lucro ou toda a organização. Esse item deve apresentar fatos relevantes da vida da organização relativos ao objeto, bem como sua evolução no mercado, permitindo ao leitor localizá-lo no tempo e no espaço. Deve-se tentar esclarecer por que o produto ou serviço existe, a que necessidade ou desejo satisfaz, em que se diferencia, qual o principal fator para seu sucesso, e em que situação se encontra. A introdução deve instigar o leitor a querer conhecer o restante do documento.

Os itens seguintes cumprem a função de demonstrar a sequência na qual o plano deve ser desenvolvido. Foram discutidos no capítulo 2 deste livro.

Análise do macroambiente

Este item será dedicado à análise dos fatores macroambientais (política, legislação, cultura, demografia, geografia, tecnologia) que influenciam, ou que poderão vir a influenciar, o produto, o serviço ou o negócio de forma positiva ou negativa (oportunidades ou ameaças), qual o impacto e relevância que esses fatores terão sobre o desempenho do produto, do serviço ou da organização, e qual a probabilidade de eles acontecerem. Deve-se indicar, entre os fatores, os que devem receber especial atenção.

Análise do ambiente de negócio da indústria ou setor

Neste item deve-se fazer a análise das forças que atuam sobre a organização, partindo-se do modelo proposto por Porter e conhecido como sendo cinco forças de Porter. Deve-se abordar também os fatores críticos de sucesso, o tamanho atual e potencial do mercado, questões relativas à regulação, sazonalidade e tendências.

Análise da empresa

A empresa deve ser analisada partindo-se do modelo Swot. Os pontos fortes e fracos da organização deverão ser observados nas diversas áreas — como hotelaria, enfermagem, oncologia, centro cirúrgico e CTI, entre outros.

O portfólio de produtos e serviços da empresa deve ser avaliado a partir da matriz do Boston Consulting Group (BCG).

A posição competitiva da organização deve ser analisada a partir do modelo da cadeia de valor desenvolvido por Porter.

Identificação dos segmentos e posicionamento

Antes de iniciar a elaboração do plano de marketing, temos que tomar uma decisão essencial, sem a qual não poderemos passar à criação das estratégias e táticas, e que norteará todo o plano. Devemos identificar claramente em qual ou quais segmentos desejamos atuar, e se temos recursos materiais, humanos, *know-how*, processos, procedimentos e cultura organizacional que nos permita uma atuação vencedora nesses segmentos.

Além disso, precisamos recordar que só faz sentido segmentar quando podemos observar diferenças realmente acentuadas de preferência e de comportamento entre os pacientes e clientes componentes desses segmentos; que o tamanho de cada segmento deve ser suficientemente grande para compensar o esforço e os custos das ações específicas que permitam nos adaptar a ele; e que esses segmentos devem ser de fácil determinação e acesso.

A partir da decisão de que tipo de segmentação será adotada, parte-se para a definição do posicionamento a ser desenvolvido. Lembre-se que o posicionamento deve ser determinado a partir do público-alvo definido.

Objetivos

Após as análises dos ambientes externos e interno, temos que definir os objetivos para nosso produto, serviço, centro de lucro ou para a organização como um todo. Os objetivos passarão a ser o foco do nosso planejamento, sempre alinhados com a missão e a visão da empresa.

Esses objetivos condicionarão a escolha das estratégias e táticas a serem desenvolvidas para atingi-los, baseando-se nas variáveis de marketing (4Ps), ou marketing mix, harmonizando e alinhando-as, com o intuito de atender às necessidades e desejos do mercado-alvo no qual escolhemos atuar.

Para efeito de alinhamento semântico, definiremos que os objetivos de marketing são alvos estratégicos que podem ser de curto ou de médio prazo. Devem estar alinhados e em consonância com o planejamento estratégico da empresa, pois dele derivam.

Os objetivos devem ser apresentados de forma hierárquica, dos mais importantes para os menos importantes; devem ser quantificáveis, precisos no tempo; e também realistas, de forma a poderem ser atingidos; consistentes com a realidade da empresa e do mercado; e não podem ser conflitantes; devem ser mensuráveis.

Os objetivos normalmente tratam de crescimento, como, por exemplo: do número de pacientes atendidos; da receita; da participação de mercado; da margem de contribuição; da melhoria da imagem.

Estratégias e táticas

Todas as forças e fraquezas encontradas deverão ser geradoras de estratégias que, por sua vez, serão detalhadas em táticas correspondentes. As estratégias indicam, de maneira ampla, o que deve ser feito. As táticas detalham como fazer, partindo efetivamente para a ação.

Nesse item deve ser descrito *o que* fazer (estratégias) para atingir os objetivos estabelecidos, buscando: otimizar recursos; tirar proveito das forças detectadas na análise da empresa; inibir a ação da concorrência; atender da melhor forma possível aos desejos e necessidades dos clientes, pacientes e usuários finais.

As estratégias deverão contemplar os quatro elementos do composto de marketing ou marketing mix: produto ou serviço, preço, praça e promoção. Deve-se ter sempre em mente que se tratam de variáveis interdependentes e que, se modificarmos uma delas, as outras deverão ser revistas.

Essa fase é a de maior reflexão de todo o plano, pois é por meio da escolha das estratégias adequadas que se ganha a concorrência constante em que vive o mercado.

Inicialmente, um levantamento de todas as estratégias possíveis deve ser feito. Só então será definida a escolha das que melhor atendam às necessidades do público-alvo, por meio da melhor combinação do marketing mix.

Sempre devem ser buscados diferenciais perceptíveis aos pacientes, e que agreguem percepção de valor diferenciada. Algumas alternativas são apresentadas a seguir.

Estratégias e táticas de produto e de serviço

Objetivam adequar o produto ou serviço às reais necessidades dos segmentos de clientes, pacientes ou usuários finais onde a organização tenha escolhido atuar.

As características do produto ou serviço devem ser definidas a partir de pesquisas com clientes ou pacientes integrantes do segmento escolhido, e nunca a partir do que imaginam os participantes de uma organização de saúde.

Nesse sentido, Drucker (2001), o reconhecido *guru* dos negócios, nos dá dois sábios conselhos baseados em pesquisas que realizou com consumidores. Vale a pena refletir sobre eles antes de desenvolver ou adaptar produtos e serviços.

> O que o cliente compra raramente é o que a empresa pensa estar vendendo.
>
> Aquilo que a empresa imagina ser o mais importante aspecto de um produto, via de regra, não tem a menor importância para o cliente.

Cabe então, nessa estratégia, incorporar características consideradas importantes para a maior satisfação dos nossos clientes, que tanto podem ser inerentes ao serviço ou ao produto em si (intrínsecas), como aquelas externas a ele (extrínsecas), mas que complementam e ampliam a percepção de valor do mesmo por parte dos seus usuários, além de atender a todos que têm um papel no processo de compra (acompanhantes, visitantes, corpo de enfermagem, nutricionistas, médicos, familiares, entre outros).

Estratégias e táticas de preço

Profissionais de saúde são treinados para exercer sua profissão como um sacerdócio. E é isso que a sociedade espera deles. Mas diz o ditado: *"Saúde não tem preço, mas medicina tem custo"*. Portanto, há que se buscar a sustentabilidade econômico-financeira como contrapartida pelos produtos ofertados e pelos serviços prestados.

O preço a cobrar depende do nível de satisfação que se proporciona.

Satisfação = percepção (valor recebido) – expectativa (valor esperado)

Parece fácil escolher a estratégia de preço mais adequada para cada segmento-alvo, porém essa estratégia deve levar em conta inúmeros fatores que muitas vezes facilitam, dificultam ou mesmo inviabilizam a comercialização de um determinado produto ou serviço.

Para que a transação entre paciente e fornecedor ocorra, o preço cobrado pelo serviço ou produto deverá ser menor ou igual ao valor percebido pelo nosso cliente (P < ou = V percebido). Deve-se observar que o preço deverá ser maior que o custo incorrido para ofertá-lo.

Estratégias e táticas de praça

Cabe ao estrategista de marketing decidir como distribuir o produto ou serviço. As opções são usar um canal intensivo, seletivo ou exclusivo. Caso decida pelo uso do canal intensivo em que o consumidor, ou cliente, imaginar que o produto ou serviço possa ser encontrado, lá ele deverá estar. Esse tipo de estratégia é usada para produtos de consumo, tais como gaze, esparadrapo e analgésicos. Se a opção for pelo seletivo, a proposta de onde o produto ou serviço poderá ser encontrado deverá ser clara. Essa opção é feita quando se trata de produtos especializados (só encontráveis em lojas específicas de produtos médico-hospitalares). Já a utilização do canal exclusivo não deixa dúvidas: só será encontrado em estabelecimentos de determinada marca.

As decisões também deverão abranger a área geográfica a ser atingida, o número e a localização dos pontos de venda, bem como sua padronização, ou não.

Estratégias e táticas de promoção

Nessa etapa, as decisões deverão recair sobre quais ferramentas de promoção se pretende usar, que combinações serão feitas, como se implementará as ações para atingir clientes, pacientes e usuários (familiares, amigos, visitantes).

Sabemos que em saúde esse assunto sofre muitas restrições por parte dos órgãos de classe e organismos reguladores do setor, porém muitas são as possibilidades de ação, sem ferir questões éticas, regulamentos e códigos de conduta.

Para tanto podemos nos valer de ferramentas, tais como: internet, eventos, amostras, venda pessoal, propaganda e *merchandising*.

Orçamento

Para que o plano de marketing possa ser aprovado, há necessidade de demonstrar sua viabilidade e atratividade. Portanto, torna-se necessário elaborar um orçamento detalhado, apresentando a receita esperada a partir das ações propostas, os custos projetados para obtenção de tal receita e o lucro que se poderá obter a partir das ações. Informações acerca do retorno sobre o investimento também poderão ser incluídas.

Cronograma físico-financeiro

O acompanhamento da implementação do plano geralmente se dá por meio de um cronograma físico-financeiro elaborado para permitir que metas intermediárias sejam estabelecidas, prioridades sejam definidas, responsabilidades sejam alocadas, os recursos necessários sejam disponibilizados, o caminho crítico seja definido e monitorado, entre outras possibilidades de controle. O cronograma deve ser claro e detalhado, possibilitando que inconformidades possam ser corrigidas a tempo. Devem também ficar claras quais atividades dependem diretamente de outras.

Conclusão do plano de marketing

Como todo e qualquer trabalho, o plano de marketing deve incluir uma breve conclusão, apenas como fechamento, no qual os benefícios esperados pela implantação do plano devem ser destacados.

Neste capítulo vimos como trabalhar o composto de marketing, ou marketing mix, para adequá-lo ao mercado, e assim conseguir sucesso empresarial. Vimos também o roteiro de um plano simplificado de marketing, que pode ser aplicado por qualquer empresário, ou empreendedor, independentemente do tamanho da organização, ou de sua natureza, seja ela pública ou privada. Os conceitos de marketing são universais e devem ser aplicados por todos aqueles que desejam construir histórias de sucesso a partir de ações de planejamento.

Conclusão

Nas últimas seis décadas a literatura de negócios tem sido pródiga na apresentação de teorias competitivas de gestão empresarial. São incontáveis os estudos, os modelos e as fórmulas desenvolvidas na busca de assegurar o sucesso empresarial.

Em um ambiente extremamente mutável, em que a competição é globalizada, o crescimento econômico e as crises assumem dimensões mundiais, e os fatores que determinam o sucesso empresarial podem rapidamente variar, estar em sintonia com as melhores práticas de gestão tornou-se imprescindível.

Conhecer e compreender o ambiente interno das organizações, por sua vez, pode tornar-se o diferencial entre o sucesso e o fracasso. Ter pessoas bem preparadas, pensando o futuro da organização a partir de equipes multidisciplinares, passou a ser uma prática gerencial que possibilita a perpetuação do negócio. Não há organização de saúde que consiga sobreviver hoje adotando práticas do passado, nem profissionais que alcancem o sucesso apenas pelo conhecimento técnico específico. A concorrência exige que se gerenciem consultórios, clínicas, hospitais, farmácias e carreiras com profissionalismo.

O objetivo deste livro é ajudar você, leitor, a entender que só se consegue atingir o sucesso empresarial entendendo e atendendo ao consumidor, suas necessidades, seus desejos. Este é o conceito básico do marketing e é perfeitamente aplicável à área de saúde, sem conflitar com princípios éticos e códigos de conduta profissional.

Ao longo dos vários capítulos procurou-se apresentar o tema de maneira clara e lógica, em texto simples e direto, contextualizando a teoria do marketing na área de saúde por meio de exemplos, muitos deles desenvolvidos especialmente para este livro.

Não há como definir a fórmula do sucesso. Mas, qualquer que seja o caminho escolhido, o marketing deve nortear as decisões das organizações de saúde, sejam elas públicas ou privadas. Esperamos que esse conceito tenha ficado claro para você e que esta leitura tenha adicionado conhecimento que lhe permita propor, sugerir, modificar e planejar ações com foco naquele que é a razão da existência das organizações: o cliente.

Referências

AMA (AMERICAN MARKETING ASSOCIATION). *Dictionary of marketing terms*. Chicago: Bennet, 1988.

CHURCHILL, Gilbert A. *Marketing criando valor para os clientes*. São Paulo: Saraiva, 2000.

COOPER, D. R.; SCHINDLER, P. S. *Métodos de pesquisa em administração*. Porto Alegre: Bookman, 2003.

DIAS, S. R. et al. *Gestão de marketing*. São Paulo: Saraiva, 2003.

DRUCKER, Peter F. *O melhor de Peter Drucker*. São Paulo: Nobel, 2001.

GRÖNROSS, C. *Marketing, gerenciamento e serviços*. Rio de Janeiro: Campus, 1995.

HOOLEY, Graham J.; SAUNDERS, John. *Posicionamento competitivo*. São Paulo: Makron Books, 1996.

IBGE. *Pirâmides etárias*. Rio de janeiro, 2003.

______. *Panorama da saúde no Brasil*. Rio de Janeiro, 2008

KOTLER, Philip. *Administração de marketing*. 4. ed. São Paulo: Atlas, 1996.

______. *Marketing para o século XXI*. São Paulo: Futura, 2006.

______; ARMSTRONG, Gary. *Princípios de marketing*. 5. ed. Rio de Janeiro: Prentice-Hall, 1993.

______; KELLER, K. L. *Administração de marketing*. 12. ed. São Paulo: Pearson-Prentice Hall, 2006.

KUMAR, N. *Marketing como estratégia*. Rio de Janeiro: Campus, 2006.

LEVITT, T. *A imaginação de marketing*. São Paulo: Atlas, 1990.

MACHADO, A. C. M. et al. *Aspectos jurídicos em saúde*. Rio de Janeiro: FGV, 2010.

MADRUGA, R. et al. *Administração de marketing no mundo contemporâneo*. Rio de Janeiro: FGV, 2006.

MALHOTRA, N. K. *Pesquisa de marketing*: uma orientação aplicada. 4. ed. Porto Alegre: Bookman, 2008.

McCARTHY, E. Jerome. *Marketing essencial*. São Paulo: Atlas, 1997.

MOYSÉS FILHO. J. et al. *Planejamento e gestão estratégica em organizações de saúde*. Rio de Janeiro: FGV, 2010.

PINHEIRO, R. et al. *Comportamento do consumidor*. Rio de Janeiro: FGV, 2004.

PORTER, M. *Vantagem competitiva*. Rio de Janeiro: Campus, 1989.

______. *Estratégias competitivas*: técnicas para análise de indústrias e da concorrência. Rio de Janeiro: Campus, 1991.

______; TEISBERG, Elizabeth. *Repensando a saúde*. Porto Alegre: Bookman, 2006.

RIES, A.; TROUT, J. *Posicionamento*: a batalha pela sua mente. São Paulo: Pioneira, 1995.

ROCHA, A.; CHRISTENSEN, C. *Marketing — teoria e prática no Brasil*. 2. ed. São Paulo: Atlas, 1999.

SCHIFFMAN, L. G.; KANUK, L. L. *Comportamento do consumidor*. Rio de Janeiro: LTC, 2000.

SOLOMON, M. *Comportamento do consumidor*. 5. ed. Porto Alegre: Bookman, 2002.

SPILLER, E. et al. *Gestão dos serviços em saúde*. Rio de Janeiro: FGV, 2009.

VALLE, A. B. et al. *Sistemas de informações gerenciais em organizações de saúde*. Rio de Janeiro: FGV, 2010.

Sobre os autores

Ricardo Franco Teixeira

Mestre em sistemas de gestão pela Universidade Federal Fluminense (UFF), especialista em management pela Escola de Pós-Graduação em Economia da Fundação Getulio Vargas (EPGE/FGV), graduado em engenharia civil pela Universidade Federal da Bahia (UFBA) e em administração de empresas pela Universidade Salvador (Unifacs). Professor convidado do FGV Management. Consultor e palestrante para plateias corporativas, abordando temas ligados a planejamento estratégico e marketing.

Antônio Carlos Kronemberger

Mestre em administração de empresas pelo Ibmec, especialista em marketing pela FGV, especialista em RH pela Universidade Unigranrio, bacharel em administração de empresas pela Uniabeu. Executivo de marketing nas áreas educacional e editorial. Professor convidado do FGV Management, consultor e palestrante nas áreas de gestão educacional, empresarial e carreiras.

Antonio Mauro S. Chagas Bicalho

Mestre em sistemas de gestão pela UFF, com ênfase em gestão de empresas familiares, especialista em marketing e planejamento estratégico pela Columbia University (EUA), graduado em administração de empresas pela Escola de Administração de Empresas de São Paulo (Eaesp/FGV). Professor convidado do FGV Management. Ex-executivo de empresas de marketing intensivo, tais como Almap BBDO, Danone, Cica, Heublein, Frutesp, Telemar. Consultor e palestrante.

Wagner C. Padua Filho

Doutor em medicina pela Universidade de São Paulo (USP), especialista em gestão empresarial pela FGV, graduado em medicina pela Faculdade de Medicina de Barbacena. Professor convidado do FGV Management. Consultor de empresas, atuando nas áreas de marketing e estratégia. Empresário, atuante no setor de educação em saúde.

Este livro foi impresso nas oficinas gráficas da Editora Vozes Ltda.,
Rua Frei Luís, 100 – Petrópolis, RJ.